THE RULES OF LOVE

RICHARD TEMPLAR
リチャード・テンプラー
桜田直美｜亀田佐知子 訳

上手な愛し方

〔新版〕

Discover

はじめに

愛、それはシンプルだ。

あなたは家族や友人を愛し、彼らもあなたを愛する。
あなたは愛するパートナーを見つけ、相手もあなたを愛するようになる。

こうした現象は、特別な努力をしなくても自然に起こる。
しかし、そのシンプルで自然なことが、なぜこれほどむずかしいのだろうか。実際、愛はそれぞれ個性的で複雑だ。ときに愛は試され、疑われ、努力を必要とする。

まちがった相手を愛してしまうこともある。

愛しすぎることもあれば、愛が足りないこともある。

どうすれば愛が見つかるのかわからないこともある。

愛を感じても、どう伝えたらよいか言葉が見つからないときもある。

見つけたものが愛かどうか確信できないこともある。

遠ざかっていく愛が、どうすれば元に戻るのかわからないこともある。

愛は一生の大問題なのだ。どうしたら愛する人と出会い、愛を確かめ、それをいつまでも新鮮に長続きさせることができるのだろう。愛することは人間の本能だが、それだけではうまく愛することはむずかしい。愛には取扱説明書が必要なのだ。

わたしが得意とするのは〝人を観察すること〟だ。本書を書くにあたっても、わたしはあらゆる種類の人を観察し研究した。そこでわかったのは、愛に関してほとんどの人はとても苦労している。しかし、少数ながら、きわめて有能な人が存在するということだ。

愛の達人たちは、どう愛しているのだろうか？

彼らが実行していることで、わたしたちが学べることはあるだろうか？

もちろんある。これから本書で紹介するので、どうぞお読みいただきたい。上手に愛することのできる人が守っているルールを学べば、あなたも上手に愛することができるようになる。

これからご紹介する１１７のルールは、上手に愛し愛されるために、一生役立つものだ。気持ちのもち方や考え方についてのルールもあれば、具体的な行動についてのルールもある。すぐに実行できるかんたんなものもあれば、取り入れるのに抵抗を感じたり、実行するのがむずかしいものもあるだろう。

ルールの多くは、すでにあなたが知っていることかもしれない。たしかに本書のルールの多くは、目新しいものではない。しかし、それでいいのだ。

愛には〝知られざる秘密のテクニック〟が隠されてはいない。ただ、なにがいちばん大切かを、ときどき思い出す必要があるだけなのだ。

愛をこめて

リチャード・テンプラー

上手な愛し方
もくじ

第1章

ほんとうの愛を見つけるための20のルール

第2章

愛を育てるための52のルール

第3章

家族のための16のルール

第4章

友情についての14のルール

第5章

すべての愛のための5つのルール

第6章

別れのための10のルール

本書は英国で二〇一六年に刊行された『The Rules of Love』3rd Editionで新たに追加された項目を翻訳・編集して加筆、デザインを一新したものです。

第1章

ほんとうの愛を見つけるための20のルール

あなたがまだ
ほんとうの愛を手に入れていないとしたら、
どうしたらいいだろう？
この人こそ“運命の人”だと、
どうしたらわかるのだろう？
結婚を決断するときには、どうすればいいのだろう？

本章では、あなたのかんぺきなパートナーとなる人を
見つけるためのルールをお教えする。
すでにパートナーを見つけた人にも、
役立つ知恵がたくさん見つかるはずだ。
ふたりでいる時間が長くなればなるほど、
「ふたりで生きていきたい」と
決めたころの初心にかえって、
現状を見つめなおすことが大切になるからだ。

あなたの友だちが“ほんものの愛”を探して、
まちがった道を突き進んでいるときにも、
よりよい手助けができるようになるだろう。

Rule 1

ありのままの自分を見せる

だれかを好きになったとき「いまの自分を変えたい」と思うことはないだろうか。

相手の理想のタイプになろうとしたことは?

自分を変えるというのはほんとうにむずかしい。数カ月だけ、別の自分になったふりをすることならできるかもしれない。でも、それをずっと続けるのは無理だ。

好きになった相手とうまくいけば、この先五十年いっしょに過ごすことになるかもしれない。あと五十年、自分以外の人物を演じ続けることを想像してみてほしい。生まれながらの自分自身を抑えつけて過ごす五十年を。

相手を失いたくないばかりに、仮面をかぶって「ほんとうの自分はちがう」とも言えずに生きる人生。そして、いつか化けの皮がはがれ、ついに白状することになる……。

それだけがんばっても、相手はあなたの努力に感動することはない。あなただって、相手が演技をしていたと知ったら、よい気持ちはしないはずだ。

新しい自分になろうとするのが、いけないわけではない。人はつねに向上すべきだ。ぜひ進歩し、成長してほしい。しかし、性格を改造しようとしても、その努力は報われない。

だからこそ、ありのままでいよう。好きな相手にこそ、ほんとうの自分を見せてしまおう。それが相手の理想のタイプとちがうなら、深みにはまる前に相手が気づいてくれる。

それに、もしかすると意外な事実が明らかになる可能性もある。あなたが勝手に相手の好みだと想像しているような〝お洒落でスマートな人〟や〝おしとやかで口数の少ない人〟など、相手は好きではないかもしれない。

反対に、きらわれるからと思って隠していた、あなたの独特のユーモアを気に入るかもしれないし、きちんとした人より〝心配でほうっておけない人〟が好きな可能性もある。

演技をしていては、ほんとうのあなたとは合わない人の気持ちを引き寄せてしまう。そんなの無意味だ。そのままのあなたを求めている人がどこかに必ずいる。そして、その人の目には、欠点や弱点も、あなたならではの魅力のひとつと映る。もちろん、そう思う相手のほうが正しいのだ。だから、好きな相手にこそ、すべてを見せるべきなのだ。

Rule 2

別れのあと、まずは心の傷をいやす

だれでも生きていれば、傷つくことがある。ひどい目にあってぼろぼろになることもある。そうした傷によって人は深みを増す。長い目で見れば、傷つくことも悪くはない。

しかし短期的な意味では、前の恋愛で傷ついた心をいやしてから、次の出会いに進んだほうがいい。前の関係を引きずっていては、新しい相手に気持ちを集中できないし、自分のほんとうの姿を相手に見せられない。

心から気づかってくれるやさしい相手に出会えたとしても、新たな関係に乗り出す準備ができていなければ、ふたりとも苦しむことになる。

わたしの友人の話をしよう。

彼女は、つきあっていた相手と別れて身も心もぼろぼろの状態のときに、ひとりの男性と出会った。魅力的で、親切で、包容力がある頼れる人物で「こういう人こそわたしには必要なんだ」と彼女は感じた。彼女が思ったとおり、彼は献身的に彼女を愛し、数年後に彼女は本来の強くて自立した女性にもどった。

そして、ふたりはどうなっただろうか……？

そこで完全にふたりの関係は終わってしまったのだ。立ち直った彼女は、彼が恋に落ちた女性とは別人だった。強くて自立した女性を好む男性は多いが、彼はそうではなかった。いまにもこわれそうな頼りないタイプが好きだったのだ。まさにこれが〝落とし穴〟だ。心が傷ついているときの出会いは、うまくいく確率は非常に低い。

だからこそ、別れのあとには自分自身をいたわろう。しばらく友だちや家族と楽しく過ごし、心の傷をいやしてから、新しいパートナーを探す旅に出よう。新たに出会う相手も、過去の心の傷から自由になっている人を選ぶことがポイントだ。

過去の痛手を克服したあとなら、おたがいのほんとうの姿を見ることができる。そこで初めて長続きする関係をスタートすることができるのだ。

Rule 3

ひとりで楽しめる人になる

いつもだれかとつきあっている人がいる。だれかと別れると、すぐに次の相手を見つけるのだ。私の知人にもそういう女性がいる。その理由をたずねると、彼女はこう答えた。

「ひとりでいるのがイヤなの。だからぜったいそうならないようにしているの」

彼女は、いまつきあっている相手から充分愛されているようには見えなかった。

「それでいいの？」というわたしの問いに、彼女はいやな顔もせず説明してくれた。

「だって彼と別れたら、ひとりになってしまうからほかに選択肢はないの」

彼女は孤独が怖かったのだ。しかし、結局彼は去ってしまった。


別れの一カ月後、彼女はこう言った。

「それがね、意外とだいじょうぶなの。あのときは、一カ月も耐えられないと思っていたけど、ショックはゆっくりくるみたい」

結局、ひとりでいても思っていたほどさみしくないと理解するまで、半年かかった。さらに三カ月後「まじめにつきあおう、すぐいっしょに暮らそう」と言う男性に出会った。しかし彼女はそれを断った。自分ひとりの時間が楽しくなってきたからだ。ひとりでも楽しめることがわかると、彼女は基準を高く設定し、セカンド・ベストで手を打つのをやめた。その必要がなくなったのだ。

この結果に不都合があるとすればなんだろう……？　そう、彼女はずっと独身かもしれない。しかし、そうなったとしても、それはもう問題ではなくなったのだ。ここから学べることは〝ひとりでも楽しく幸せでいられる人になる必要がある〟ということだ。そうすれば、満足できない相手にがまんする必要はなくなる。

ひとりでも楽しく生きていけるからこそ、ほんとうに愛する相手と、ふたりで幸せに生きていこうと決断できるのだ。

ひとりはすばらしい。しかし、ふたりでいるのはもっとすばらしい。もし、すばらしくなくなったら、そのときは別れればいい。

Rule 4

迷うなら先に進んではいけない

その人が、ぴったりの相手ならば、必ずそうとわかる。出会った瞬間か、もう少し先か、そのちがいはあっても、必ず「この人だ」とわかるものなのだ。だから大切なのは、確信できるまでは、先に進む決心をしないことだ。

数え切れないほどの離婚経験者が「結婚式の日まで、これでいいのか迷っていた」と告白している。

結婚式の当日に迷うようなら、その結婚はまちがいだ。結婚すること、そしてその先に親になることは「この人だ！」と確信できる相手とだってむずかしい。ましてや、その確信もないのに、そんな大事業に身を投じるのは、ばかげている。

出会った最初から「この人だ」と思えなくても、数週間、数カ月、数年という時間をかけて、そう変わっていくこともある。それはまったく問題ない。重要なのは、ほんとうに確信をもてるまでは、人生を次のステップに進める決断をしないことなのだ。

パートナーのほうがその確信に早くいたることもある。人それぞれだ。だからといって、心の準備ができていないのに、急かされて決断を急ぐことはない。

「早く決心してほしい！」そう思う相手の気持ちがわかっても、引きずられてはいけない。もしあなたがまちがった決断をしたら、ふたりとも傷つく結果になってしまう。

ともに人生を歩む価値のある〝まさにぴったりの人〟なら、「どうしよう……、このまま進んでいいのかな？」なんて思うことはない。もし、そう思うなら、立ち止まるべきだ。「ぜったい、まちがいない。この人だ。急がなきゃ！」そう思えないとしたら、決断のときではないのだ。

Rule 5

笑顔にしてくれる相手を選ぶ

相手を選ぶもっとも重要な基準とは、なんだろうか？
ルックス、収入、地位……？　こうしたものは時とともに失われる。
その人の個性は？　残念ながら、人の性格も永遠のものではない。自信に満ちた人も、精神的ショックによって変わってしまうことがある。穏やかな性格の人も、病気などで体調をくずせば気が短くなるものだ。

すべてが消え失せたとしても、ひとつだけ残るものがある。それは、ユーモアのセンスだ。ほかのだれよりも、あなたを笑顔にしてくれる人を見つけたら、すぐに結婚しなさい。これこそ、わたしからのアドバイスだ。実際、それ以上に大切なことがあるだろうか？

もうひとつ大事なことをお話ししよう。

ただ笑わせてくれるだけでは満点とは言えない。最高なのは、あなたがあなた自身のことを笑えるようにしてくれる相手だ。そんなパートナーを見つければ、もう人生は順調だ。それは、ぜったいにまちがいない。

数年前に奥さんに先立たれた友人は、「なにがつらいと言えば、自分の失敗や悩みを笑いとばせなくなったことだよ」と言う。彼は、奥さんがいなくなって初めて、彼がハッピーな気持ちになるように、彼女が仕向けてくれていたことに気がついた。ひとりになってからは、なにもかもまじめに考えすぎて、前は笑ってすませられたことを、くよくよ悩んでしまうと言う。

だからこそ、ゴージャスでセクシーだったり、キュートな笑顔のだれかに出会っても、すぐにクラッときてしまってはだめだ。くすぐらないでも、あなたを笑顔にすることができる相手かどうか、しっかりと見極めなくては。

Rule 6

自分の欠点はフィルターにする

わたしの知人にとても美しい女性がいる。

彼女のかつてのパートナーは、彼女が太りだすと「食べる量を減らせ」「ジムに行け」と口うるさく言った。やがて彼女は、パートナーの目当ては自分の外見だけで、人に見せびらかすためにつきあっているのだ──そう感じるようになった。

実際世の中には、パートナーを外見で選び、中身なんて二の次という人は実に多い。

だからこそ、外見に欠点があるとしたら、それはラッキーなのだ。それは相手を見極めるフィルターの役割を果たしてくれる。

外見がおとろえただけで、いい関係を保てなくなるような相手が近寄ってくるのを、あなたの欠点が防いでくれるのだ。おかげで無用の手間が省けるというものだろう。

欠点というのは、なにも外見にかぎった話ではない。収入や地位などについても同じだ。

貧乏だったり、車がなかったり、有名企業に勤めていないことも、フィルターとして有効に働くだろう。

見た目をよくするために、歯の矯正をしたり、ぜい肉をダイエットでそぎ落とす努力をするのは悪くはない。しかし、覚えておいてほしいのは、自分の外見を変えたとしても、幸せになれる相手に出会える可能性は必ずしも高まらないということだ。

だから、自分に自信をもとう。そして、よく覚えておいてほしい。
あなたという人間まるごとを大事にしてくれる人にとって、いまのあなたはまちがいなく魅力的だということを。その人といっしょにいれば、自分は魅力的で特別な存在だと感じられる。そして、ちょっとした欠点などまったく気にならなくなることを。

Rule 7

うまくいかないパターンから脱出する

わたしの知人に、嫉妬深くて情緒不安定な女性ばかり好きになる男がいる。彼によれば「自分の中の無意識が、一瞬でそういう女性を見分ける」のだという。

出会ったときは意識していないのだけれど、つきあいはじめると、いつものパターンで、いつも彼の居場所やいっしょにいる相手を知りたがるような女性だと判明するのだ。たしかに彼の母親も心配性だったが、ここでは掘り下げるのはやめておこう。

だれにでも、いつもなぞってしまうパターンというのがあるものだ。たいして問題のないパターンもある。好きになる人はきまって動物好きだとか、アウトドア派だとか、五歳年上だというのは、なんの問題もない。しかし、うまくいかないタイプばかりを好きになってしまうなら、そんな不毛なパターンは終わりにする必要がある。

もちろん、かんたんではない。特に相手が、情緒不安定（あるいは、依存心が強すぎる・不誠実・思いやりがない・既婚）であること以外は非の打ちどころがない場合、関係を終わらせるのはかんたんなことではない。

自分のパターンを認識し、どうしてそれを繰り返してしまうのか、真相を見つめてみよう。心配性の母親をもつ男性も、自分の行動の原因を意識することができれば、それが解決への一歩になる可能性は高い。

いずれにしても、不毛な関係を繰り返して、人生をむだにするのをやめる決断をする必要がある。「今度こそうまくいくかも」なんて、自分をごまかすのはやめて、パターンに当てはまる関係は断ち切る決心をしよう。

自分の問題パターンそのものを見極められれば、できることのはずなのだが、なかなか抜け出せない人が少なくない。

あなたが求めるものが、幸せで長続きする関係なら、パターン脱出はそれがどんなに困難でも挑戦する価値がある。約束しよう。

Rule 8

「立入禁止」の人と一線を越えない

あなたは、他人の恋人と情事を楽しめるだろうか？

友だちのパートナーは？

既婚者は？　──あなたはどこで線を引くだろう。


「あのふたりはもう終わったようなものだったから」

「別にあいつは親友というほどでもないんだから」

「恋愛と戦争に、ルール違反なんてないんだから」

こんな言いわけがしたくなるなら、それは一線を越えて「立入禁止」の場所に入ってしまったということだ。そう、どこからが立入禁止ゾーンなのかは、自分自身がいちばんよくわかっているからだ。

もちろん、線の引き方は人によってちがう。

「もとはカップルでもいったん別れてしまえばなにも気にすることはない」

「友人の昔の恋人とつきあうのも問題ない」

そう考える人もいるだろうし、「そんなのとんでもない」と感じる人もいる。あなたの一線がわかるのはあなた自身だけなのだ。


「立入禁止」の相手を好きになったとしても、どうかその誘惑に打ち勝ってほしい。一度踏み込んでしまったら、長いあいだつらい時期が続く。そして、深い関係になればなるほど、乗り越えるのにも時間がかかってしまう。

自分の人生だけでなく、たくさんの人の人生をだいなしにするかもしれないところに、はじめから足を踏み入れてはいけない。


誘惑に負けず自分をおさえられたら、誠実に行動したと納得でき、胸を張って前に進むことができる。そうすれば、後ろめたさを感じることなく、正々堂々と愛せる人がいつか必ず現れる。待つ価値があるものとは、そういうもののことだ。

Rule 9

相手を都合よく変えることはできない

あなたが、生まれながらのきれい好きだとしよう。一度着た服は、すぐに洗濯機に放り込むような神経症レベルのきれい好きだ。

そんなあなたが、なんでもほったらかしで、片づいているほうが落ち着かないような相手と恋を実らせた。さて、あなたは愛するパートナーのために、だらしない人間になれるだろうか？

それは無理？　だったら、自分は変わらないまま「相手がきれい好きに変わるべきだ」なんて、どうして要求できるだろうか。

人は変えられない。それはまぎれもない事実だ。とうの本人が変わりたいと思っていても、それはむずかしい。行動は変えられる。だが、人格までは変えられないのだ。だらしないパートナーに「タオルはきちんとかけておいて」と説得することはできる。

しかし、そのタオルはだらしなくひっかけてあるだけで、それはそれであなたの気にさわる。相手をきれい好きにするなんて不可能だ。せいぜい〝タオルをかけることができるだらしない人〟にするのが関の山なのだ。

こんな性格の人とはいっしょに住めない、そう感じるような相手とは、はじめからかかわらないことだ。「ちょっと性格に問題はあるけど、だいじょうぶ。いつか変えてみせる」なんて、考えてはいけない。あなたが探すべき相手は、都合よく変えられる人物ではなく、そのいらつく習慣さえ、がまんできる相手でなければならない。

どうか気をつけてほしい。このルールは、あなたを非常に不幸にする相手の性格についても当てはまる。

もしあなたが、アルコール依存や浮気性、暴力といった点以外はかんぺきな相手に出会ったとしよう。あなたは、彼らを変えることはできない。しばらくは相手も気をつけるかもしれないが、いずれその幸福な時間は終わり、日常生活のストレスが高まれば、また逆戻りする可能性は高い。これだけは、しっかり警告しておきたい。

Rule 10

セックスの相性でパートナーを選ばない

すばらしいセックス─それは、たしかにすばらしい。出会った相手に性的魅力が感じられないと、恋愛に発展する確率は低い。

しかし、性的魅力を愛情とかんちがいするほど危険なことはない。セックスの相性がいいからといって、パートナーとしての相性もいいわけではないのだ。

あなたの知り合いに、ほんの数週間つきあっただけで結婚した人がいないだろうか。そうした決断が正しいのは、ほんのひと握りだけだ。そんな短期間で、一生続く関係を作れるかどうかなど判断はできない。

セックスの相性のいいパートナーを探し求めている友人がいる。特に変わった人物ではない。ただ一生をともにするパートナーを探すための最優先基準をセックスの相性に置いているのだ。

おかげで彼はすばらしいセックス・ライフを楽しんでいるようだが、つきあう相手と長続きはしない。そして、その理由がわからないとなげいている。彼は、自分が求めている長続きする関係のために、さして重要ではないものにプライオリティを置いてしまっている。そのせいで、みずからの首を絞めているのだ。

決まったパートナーがなく、遊びの相手と楽しんでいるような人は、セックス・ライフを必要以上に重要だと考えがちだ。「セックスこそが、最高の相手を選ぶいちばん信用できる判断基準だ」などと都合よく考えてしまう。

実際、そういう一面はあるかもしれない。しかし、それだけでほんとうに幸せになれるだろうか。いいときも悪いときも、それだけで乗り越えていけるだろうか。

確信がもてないなら、心ゆくまで肉体的な楽しみを満喫したとしても、重大な決断をしないことだ。セックスが消えたあと、それでもなにかが残るかを見定めるまでは。

Rule 11

決断は一年相手をよく見てから

だれでも、自分をどこまで他人に見せるかにはきわめて用心深くなるものだ。特に好きになった相手には、自分のいちばんいいところを見せようと一生懸命になる。

あなたも、わたしも、みんなそうだ。つまり、新しく出会った相手が、心から信用してガードを降ろすまでには時間がかかるのだ。

新しいパートナーが、実はわがままで自分勝手。

〃　　　あなたの好きなものが大きらい。

〃　　　あなたの悩みに関心がない。

〃　　　あなたの友人には失礼な態度をとる。

こんな人物だったとしても、それに気づくまでには時間がかかってしまう。もっとひどいことが隠れている可能性だってある。
がまんする価値のあるものと、ないものがある。しかし、相手のほんとうの姿がわからなければ、その判断のしようがない。

いっしょに住む、結婚する、子どもをもつ、住む場所を変える――こうした大きな決断をする前に「一年待って」と言うのは正しい要求だ。相手が「すぐに決めて」と急かすようなら、にっこり微笑んで**「大切な決断だから、一年かけていっしょに考えたい」**と伝えればいい。

三年も四年も、ずるずると答えを引き延ばされるようなケースもあるが、これとそれとはまた別だ。「一年考えよう」と言うのはまったく道理にかなっているし、分別ある行動だ。人生をともに生きる相手との未来への決断のために十二カ月の時間をかける価値は充分にある。
そもそも、一生という時間を考えれば、一年なんてほんの一瞬、なにを急ぐ必要があるだろう？　肩の力を抜いてこの時間を楽しもう。その先には、山のような現実問題が押し寄せてくるのだから。

Rule 12

大切にしてくれない相手とは別れる

パートナーという役割をうまくこなせる人と、そうでない人がいる。

一年かけて、しだいに相手があたりまえの存在になってくると、元気がないときに話を聞こうとしたり、花をプレゼントしたり、すてきなディナーに誘ったり……、こうした気づかいができなくなってしまいがちだ。

ふたりの関係が安定してくると、相手のことを考えられなくなるような人は、たいてい自己中心的なのだ。相変わらず「わたしを見てほしい」「わたしの悩みについて話したい」「一日のストレスを吐き出したい」と思っているくせに、相手の話を聞いてあげるのはいやだというわけだ。

残念だが、こうしたタイプの人は変わらない。少なくとも、あなたへの態度が変わるとは期待できない。まだつきあい始めたばかりなのにパートナーが大事にしてくれないなら、そのままいっしょにいても事態は悪くなるばかりだ。

いっしょに住んだら……、結婚したら……、とにかくなにかきっかけがあればよくなるはず……。そんな考えは甘い。まちがいなく悪くなる一方だから、大きな決断をする前に、この問題に真剣に取り組む必要がある。

もしもパートナーにラスト・チャンスを与えるなら、相手がほんとうに変わったと確信できるまで、たっぷり時間をかけなくてはいけない。態度を決めるのはそれからだ。


どこかに、あなたを文句なく大事にしてくれるだれかがきっといる。

やる気のない相手に、自分を安売りしてはいけない。そんなことをすれば、長年の間に自信と自尊心が傷つき、幸せは遠のいてゆく。自分を大事にして、ありのままの自分を特別だと思わせてくれるような、もっといい人が現れるのを待つことだ。

Rule 13

相手を信じられなければ恋愛はできない

パートナーとなるには、おたがいが信頼し合うことがぜったいに必要だ。

誠実であること。
約束を破らないこと。
稼げる以上に使わないこと。

そうした点で相手を信じられなければ、ふたりとも幸せにはなれない。
相手を信じられない理由はいくつか考えられる。もしも、相手に問題があって信じられないのなら、どうしてそんな相手といっしょにいるのだろう。迷うことはない。すぐにでも別れるべきだ。

むずかしいのは、あなた自身に理由があって相手が信じられないケースだ。

昔、裏切られたせいで、人を信じられない……？　そうだとしたら、今度こそよりよい関係を手にする資格があなたにはある。そのためには、相手を信頼するという課題を克服する必要があるのだ。

相手が、あなたの抱える〝信頼できないという心理的な問題〟に理解を示してくれたとしても、いずれは「やっぱり愛されていない」と思ってしまうだろう。新しいパートナーに、過去の他人のあやまちを償わせるのはかわいそうだ。

相手を信頼できない理由が、あなたにあるのか相手にあるのか、あなた自身にはわかるはずだ。問題の原因があなたにあるなら、解決方法を探ろう。

パートナーを信頼できないせいで、いい関係を捨てて自分自身を深く傷つけてしまった人をたくさん見てきた。

次の出会いを迎える前に、あなた自身の問題を克服してほしい。昔ばかな相手に裏切られたからといって、すばらしい出会いをむだにしてほしくないのだ。

Rule 14

うそはつかない

生きていれば、人には言えないことや、思い出したくもないことがあるものだ。自分の過去の行いを後悔し、恥ずかしいと思うことはだれにでもある。

昔、ちょっとばかり警察にお世話になったやんちゃな時代があったこと、中絶の経験、父親がアルコール依存症だという事実……。

もちろん、ささいなことは秘密にしておいても問題ない。八歳のとき算数のテストでズルをしたとか、そういう話だ。スパイス・ガールズのライブに十回出かけたということも、隠しておいてもいいだろう。

でも、相手に知られたくないことは、もっと重大なことのはずだ。それは、いつか告白しなければならない。相手があなたをほんとうに愛しているなら、なんの心配もいらない。反対に、愛されているのか確信がもてないなら、相手の気持ちをはっきりさせるのにこれほどいい方法はない。

あなたを愛していたとしても、告白のタイミングをまちがえると、あなたが隠していたという事実に相手は腹を立てたり、傷ついたりしてしまう。「いま知るよりも、あとで知るほうが事態が悪化しそうなとき」が告白のタイミングだ。

しかし、なんでも正直に告白すればいい、というものではない。つきあいはじめは、こうしたややこしい問題にはふれないようにしよう。そうすれば、もし別れてしまっても、相手に秘密をもっていかれる心配はない。

ただし告白するときまで、うそはつかないことだ。中絶経験を知られたくないなら「あなたが初めての恋人だ」とは言わないこと。父親のアルコール依存症のことは黙っているとしても「もう父は死んだ」とは言わないこと。うそをついてまちがった方向に誘導してしまうと、ほんとうのことがわかったとき、相手はもうあなたを信じられない。

告白する決心がつくまでは、その話題は徹底的に避けること。しかし、どんなときも誠実であるよう心がけること。でないと、深い深い〝落とし穴〟から抜け出せなくなる。

Rule 15

恋のかけひきをしない

わたしたちは、パートナーが思いどおりの行動をしてくれないと、お芝居をして相手を試したくなる。いわゆる「恋のかけひき」というやつだ。実際それは、とても魅力的な選択肢なのだ。

「彼が電話してくるまで、わたしからはぜったいかけないでおこう」
「病気の母が心配って言ってみようかな。いっしょに会いに行く気になるかも」
「今日が僕の誕生日だっていつ気づくだろう。様子を見てみよう」

しかし、こんなことをしてもいいことはない。

彼と話したいなら、あなたから電話するべきだ。母親に会ってほしいなら、彼女にそう言えばいい。彼女に思い出してほしいなら「今日は僕の誕生日だよ」とはっきり言えばすむことだ。

相手の出方を見るやり方は、裏目に出ることが多い。ふたりの関係をより強固なものにする唯一の方法は、あなたが前進する意志をもつことだ。何年もかけひきを続けるのがいやなら、そんなゲームははじめからやめておくことだ。

あなたが平気でかけひきをするなら、相手が同じことをしても文句は言えない。そんな関係がお望みだろうか？

相手とのかけひきは、悪気のないちょっとしたお芝居のようなものだ。しかし、それは相手を操ろうとする行為であることにちがいはない。相手を下に見て、意のままに動かそうとすることなのだ。自分が同じことをされたら、どう感じるだろう。

かけひきを続けていると、いずれ大きなトラブルに見舞われることになる。当然だ。そして、結局また信頼問題に逆戻りだ。

あなたに必要なのは〝信じる心〟だ。パートナーにはあなたを信用してもらわなければいけない。相手の出方を見るなんて、まったくの逆効果なのだ。

Rule 16

過去の恋人を基準にしない

人間の脳は、過去の記憶を基準に未来を予想するようにプログラムされている。

いつも朝ブラッシングすれば、髪形は一日バッチリ決まっている。それなら、今朝もブラッシングしておけば、夕方まで髪形はだいじょうぶだろう。

この前食べたバナナはとっても美味しかった。それなら、今日バナナを食べても、やっぱり美味しいだろう。

これまで「数字に強い」と言われてきたから、数字を扱う仕事ならうまくいくだろう。

前のパートナーに浮気されたから、今度の相手にも裏切られるだろう。

……！　ちょっと待ってほしい。最後のひとつはプログラムの誤作動だ。

もし前のパートナーが浮気したなら、その人物が同じことを繰り返す可能性は高いかも

しれない。でも、あなたの新しいパートナーが、あなたの過去のパートナーと同じことをする理由はどこにもない。

浮気というのは極端な例だが、ちょっとしたことで前のパートナーの行動を基準に考えてしまう人は少なくない。

ある女性は、帰宅したパートナーがすぐにお茶を入れてくれないと「なにかわたしに腹を立てている」と感じるという。前の相手がそうだったからだ。

寝室で妻が自分に背を向けて寝ると不安になる男性もいる。「触らないで」という意思表示だと感じるのだ。実際は、左側を下にして寝るほうがラクだというだけなのに。

逆の立場から考えてみよう。パートナーが、あなたは顔も知らない昔の相手を基準に、あなたを見ていたらどう感じるだろう？　勝手な解釈をされたら腹が立つはずだ。

過去を基準に新しいパートナーを見ていては、ありもしない問題をあえて生み出すことになってしまうのだ。

Rule 17

未来を共有できるか確かめる

こんなカップルがいる。ふたりは恋に落ち、結婚し、子どもをもうけた。ロンドンに住んでいたが、夫は仕事で、片道三時間以上かけて、ひんぱんにコーンウォールに出かけていた。数年後、彼はさらに多くの時間をコーンウォールで過ごすようになった。そこで彼は妻に言った。

「ずっと考えていたのだけれど、コーンウォールに引っ越したほうがいいと思うんだ」

彼は、この件について妻と話し合ったことはなかった。でも、引っ越したほうが仕事がうまくいくことは、妻もずっとわかっていると思っていた。

妻のほうは「ロンドンを離れるなんてとても考えられない」と考えていたのだが、それも話したことはなかった。まさに手詰まりだ。

ここで学ぶべきは「将来の話はそのうちに」なんて、のんびり構えていてはいけないということだ。たしかに初デートでいきなり人生のプランをもち出して、恋人を恐怖におとしいれるのは賢明ではない。しかし、おたがいあと戻りできない真剣な関係になる前には、ふたりの未来についてしっかり話し合っておく必要がある。

もちろん、人の気持ちは変化する。十年後には意見が変わるかもしれない。あなたのライフ・プランすべてにパートナーを巻き込むべきだということでもない。それでも、おたがいの考えを確かめておかないと、いずれややこしいことになる。

旅行はどれくらい行きたいか？
住む場所はどこがいいか？
子どもは欲しいか？　どう育てたいか？

いまは遠い先のことに思えるかもしれないが、ふたりで暮らす未来について話し合おう。そのうえで「もしかしたら、どちらかが心変わりするかもしれない」ということも、覚悟しておくのだ。

Rule 18

対等でない関係はあとから改善できない

いい関係とは、ふたりが対等な関係だ。

どちらが上という上下関係や、一方に頼りきってしまうことなく、おたがいに支えあうような関係が理想だ。

しかし、世の中にはふたりのパワーバランスが対等でない関係もある。たとえば、どちらかが相手をコントロールしたい気持ちが強い場合。また、親子のようにお世話を焼く、焼かれるの関係になってしまう場合もある。

パートナーとの関係性は、ふたりの関係が深まるごく初期に確立され、そうかんたんには変わらない。つまり、もし問題になりそうなパワーバランスがあるなら、あとから改善するのはむずかしいということだ。

知人の女性の話をしよう。

彼女のパートナーは彼女の行動をいつも知りたがった。どこにいるのか、だれといっしょなのか、だれに電話しているのか。

異常な態度だが、彼女は彼が好きだったので、その違和感に気づかないふりをした。むしろ、彼は自分のことを大切に思ってくれているから、そうするんだと自分に言い聞かせた。しだいにエスカレートした彼の支配から彼女が逃げ出すのに、十年かかった。心の傷は深く、元の彼女に戻るまでかなりの時間がかかってしまった。

相手が「わたしと会っていないときはなにをしていたの？」と聞いてきたからといって、すぐに別れろと言っているわけではない。しかし、〝恋は盲目〟になってはいけない。特に、関係性のパワーバランスについては、充分すぎるほどの注意が必要だ。小さなサインを見逃してはいけない。

最初のサインを見逃さないことが大切だ。新しいパートナーの問題に早く気づけば、不健全な関係を深める前にさっさと逃げ出すことができる。

相手がほんとうにつきあう価値のある人なら、おたがいを尊重することの大切さを理解し、対等な関係を築こうと努力するだろう。

Rule 19

愛されていないなら自分から別れる

出会ったとたん、あなたはすっかり恋に落ちてしまった。それなのに、相手のほうはあまりピンときていないらしい。

あるいは、あなたたちはもう何年もつきあっている。相手はあなたのことが好きだし、いっしょにいるのがラクだと言っている。しかし、あなたは心の底で気づいている――相手がほんとうはあなたを愛していないことを。

相手を一方的に好きになってしまうことは、この世でいちばんつらくて、受け入れられないことのひとつだ。しかし世界中で、同じようなシナリオが繰り返されている。思い浮かべてみてほしい。きっといくつも思いあたるはずだ。

この状態を経験し、何年もかかって〝どうしようもない〟と気づき、やっと自分の愛にこたえてくれる相手を見つけた人は少なくない。そして、こうした経験を切り抜けた人はみな口をそろえて、こう言う。

「別れて結果的にはよかった。いまのほうがずっと幸せだから」

どんなにすばらしい人でも、あなたを愛してくれなければ、いい関係を作ることはできない。仮に相手が愛してくれるとしても、相手をつなぎとめるのに並々ならぬ努力が必要なら、がんばる意味はない。

いまのままのあなたを愛してくれる人があなたには必要だ。そうした人に巡り合って、おたがいを大切にする、その資格があなたにはある。

だから、愛されていないことに気づいたら、勇気をふるって自分から別れよう。相手を失うのはつらいだろうが、自尊心を失わずにすむ。

そして、いつか振り返ったとき、この決心をした自分が、どれほど勇気があって正しかったか、気づくことになるはずだ。

Rule 20

ほんとうに愛していないなら別れる

ルール19では、愛する相手から愛されないときのことを学んだ。今度は反対の場合を考えてみよう。

いまの恋人といっしょにいるのは楽しい。趣味も似ているし、不安なときは話を聞いてくれる。でも、相手が自分を愛してくれるほどには、自分は相手を愛していないことに、あなたは気づいている。

いまのところ、いっしょに出かける相手はほかにいない。行きたい場所も同じだ。セックスの相性も悪くない。相手の家族や友だちともうまくいっているし、別れたらさみしいだろう……。たしかに、いますぐ別れなくてもよさそうな気がしてくる。

でも、それは正しい答えではない。いまの相手と長くいればいるほど、相手は自分を愛してもらおうと努力し、最終的にあなたが去ったときの傷は深くなる。しかも、そうなる可能性は高い。

それに相手には、あなたにできなかったこと（つまり、心から愛すること）ができる別のだれかを、自由に探す権利がある。

それだけではない。あなたがいまの相手を深く愛していないとすれば、そのうち、本気で恋に落ちる相手が現れる。そのときあなたはどうするつもりだろう？

たとえ恋に落ちたとしても、いまの恋人のために、あなたはその人を遠ざけようとするかもしれない。しかし、それはあなたにとっても、そしてあなたが恋に落ちた相手のどちらにとっても、一生悔いが残る選択となるだろう。

この問題に模範解答はない。しかし、ただひとつの解決法は、新たな愛の対象が現れたとき、あなたがシングルの身でいることだ。


すべての人の立場に立てば、まずあなたが心を鬼にして相手と別れることが最善の方法だ。そうすれば、全員がそれぞれの人生を進んでいける。すべてが正しいところにおさまり、だれもが自分をもっと大切にできる。

別れを切り出せば、相手は傷つき、抵抗するかもしれない。しかし、いつか冷静になって振り返ったとき、心の中でそっとあなたに感謝するはずだ。

第2章

愛を育てるための52のルール

ふたりの関係がはじまったばかりのときは、
特別な努力をしなくても、
すべてはバラ色に輝いてみえるものだ。
しかし、そこからさらによくしていくためには、
いい関係を積み上げる努力をする必要がある。

ほんのちょっとした問題を
“見て見ぬふり”をしていないだろうか。
やさしい気づかいのつもりかもしれないが、
多くのカップルがそのせいで輝きを失い、
関係を解消していく。

ふたりの関係を、末永く幸せな人生にするためには
努力が必要だ。それも真剣に取り組む必要がある。
このルールは、相手がかんぺきでないからといって
“粗大ゴミ置き場にぽい捨て”するのはまちがっている、
ということを証明するためにある。

実際、パーフェクトな相手なんていない。
しかし、おたがいに相手を幸せにしたいと願い、
歩み寄る意思があるならば、このルールでふたりの絆を
強く、深く、幸せなものに育てていくことができる。

親しき仲にも礼儀あり

Rule 21

今日も長い一日だった。そう、この一週間ずっとハードだった。あなたはふきげんで、いらいらしている。その気持ちを引き受けてくれるのはだれだろう？

パートナーを、不満やいらいらした気持ちをぶつける〝都合のいいスポンジ〟にしてしまうのは実にかんたんだ。でも、それは正しいことではない。

わたしの周りにも、いらいらした態度でおたがいに接しているカップルはたくさんいる。とても気の毒な関係だと思う。

ふたりの関係を大切にしたいなら、おたがいへの思いやりと敬意をもつことが基本だ。マナーを守り、尊敬を忘れずに言葉を交わそう。

「お願いしたいんだけど……」とか、「ありがとう」とか「できたら……してもらえる？」なんて言い方は、過去の遺物ではない。時代遅れに感じるくらいの礼儀正しさを取り戻す必要があるのだ。

一日の終わりに、パートナーが疲れていると感じたら、熱いお風呂を入れてあげよう。リラックスできるバス・オイルを用意したり、お風呂にキャンドルを用意するのもいい。「大事にしてくれる人がいる」と相手が感じることをするのだ。

お気に入りの飲み物を出して「今日はどうだった？」と質問し、興味を示して相手の話に耳を傾けよう。

相手がいつも食事を用意してくれるなら「ゆっくり休んでて。今日はわたしが準備をするよ」と声をかけるのもいいだろう。

あなたが模範的なパートナーとして行動していれば、不満をぶつけられるすきを与えることはない。そして、あなたの態度はそのまま、相手にもそうしてほしい、という無言のメッセージになる。

Rule 22

おたがいの自立心を育てる

あなたは、なぜパートナーといっしょにいるのだろう。

「パートナーを愛しているし、いっしょにいると自分自身もいい気分でいられるから」という答えが聞けるとうれしい。

「相手が必要だからいっしょにいる」という答えなら、少しここで考えてほしい。

ふたりの関係がいいものならば、おたがいへの依存心は減り、自立心が育まれるものだ。

相手を愛するということは、そのままの相手を認めるものだからだ。

愛する相手から認められていると感じられれば、人は自分に自信をもち、強くて安定した存在だと確認でき、自立心を育てることができる。

つまり、パートナーといい関係を作れれば作れるほど、ひとりで生きていく能力は高くなり、パートナーは必要なくなっていくのだ。

ひとりで生きていけるのに、どうしてパートナーといっしょにいるのだろう？　いっしょにいたいから……、それだけだ。ほかに理由などない。必要だからではなく、そうしたいからいっしょにいる。すてきなことではないだろうか。

わたしはこの何年か、配偶者との死別について少しばかり研究してきた。そこでわたしは、ある発見をした。

パートナーを愛してはいるが必要としてはいない人（つまり、ただいっしょにいたいからそうしている人）は、そうでない人とくらべて、パートナーの死にずっとうまく対処できる。しかし、相手に頼って、自分の人格とパートナーの人格とを切り離せなくなっている人は、パートナーを失うと同時に、自分を見失ってしまう。

この問題について考えるのはつらい作業だ。しかし、いつかはこうした状況に置かれる可能性を考えれば、「人生でもっとも暗くつらい時間においてさえ、パートナーは必要でない」という自信と自立心は、おたがいへの最高のプレゼントではないだろうか。

Rule 23

パートナーにひとりの時間をプレゼントする

数カ月、数年の時間のうちに、ふたりは〝カップルとしての人格〟をもつようになる。ふたりはともに行動し、ともに人づきあいをし、共通の興味をもつ。

ふたりの仲がよいのはいいことだが、ふたりが完全にひとつになって、ずっと離れることなくいっしょに過ごすのは、必ずしもいいことではない。いずれ魔法のように輝く時間は終わり、退屈なときがやってくる。

ふたりは情熱を傾ける共通の趣味をとおして知り合ったのかもしれないし、自由時間にやりたいことは、ふたりとも同じことなのかもしれない。

しかしそれでも、それぞれ自分のことを自分のやり方で、自分だけでやる時間が必要だ。おたがいにひとりの時間をもつことで話題は増え、ふたりの関係はさらによくなる。

人はひとりの時間をもつことで、自分の原点に触れ、幸せを感じることができる。もしかしたら、あなたやパートナーは〝ひとりの時間〟がたっぷり必要なタイプかもしれないが、それは悪いことではない。

だから、パートナーがあなたと別行動をしたがったとしても、むくれたり、嫉妬したり、ぼやいたりせず、パートナーに時間をプレゼントすることだ。

パートナーは引きこもって本を読んだり、編み物をしたいと思っているかもしれない。ボートの船外モーターを修理したいのかもしれないし「一九三〇年代以前のバリ島の切手の世界的権威になるのが夢」なんていう人もいるかもしれない。

「ひとりで行動したい」というのは、あなたを拒否しているのではなく、自分が何者かを主張しているにすぎないのだ。それを禁じれば愛する人を失うことになるだろう。

だれでも、ひとりの時間が必要なときがある。「自分の時間が欲しい」とパートナーが言ったら、ぐずぐず言わず、やきもちを焼かず、子どもっぽいふるまいは控えて、心から喜ぼう。そのおかげで、ふたりの関係は新鮮さを保てるのだから。

Rule 24

自分の欠点を自覚し直す努力をする

あなたのパートナーは文句のつけようのないかんぺきな人だろうか？　わたしのパートナーはそうではない。きっとあなたのパートナーにも欠点があるはずだ。

ものすごくだらしないとか、異常にきれい好きとか。しゃべりすぎ、ちょっと短気、料理が死ぬほど下手だとか。とにかく出不精で、腰を上げさせるのにひと苦労だとか。いつもあなたの話に割って入るとか、仕事中毒だとか……。

どんな人間にも、いくつかの欠点はある。あなたはそうした欠点ともいっしょに暮らしていかなければならない。

あなたは「その性格を直してほしい」と言われたら、そうするだろうか。わたしなら、もちろんノーだ。なぜなら、そもそも性格を変えるなんて、できることではないからだ。

それに、どんな人間か知っていたはずなのに「いまのあなたが気に入らない」なんて、パートナーに言うべき言葉ではない。

だれだって欠点があるのだから、だれもが同罪なのだ。目標はウィン・ウィンの関係だ。そのためには、まずはあなたから模範を示す必要がある。

相手のくせや弱点は大きな心で受け止め、自分のくせや弱点はおさえるように努めることだ。性格までは変えられなくても、ただ相手をいらつかせることは、極力しないようにベストをつくそう。

タオルを床に落としっぱなしにするよりは、ちゃんとかけ直すくらいの努力をしても、損はない。**相手が明らかに不満そうなときは、もう少し話を聞く努力をしよう。**少々本音をおさえてがまんしたとしても、罰が当たることはない。

人はかんぺきではありえない。自分だってそうだ。わざわざ相手の身になって考えてみるまでもない。おたがい同じ立場なのだから、少しがまん強くなって、先に相手を非難することは控える。それが大事だ。

Rule 25

パートナーが自慢できる人になる

ある知り合いの夫婦の話をしよう。

その夫婦の妻のほうは、周囲の評判のいい人物だ。しかし、夫のほうは疫病神のようにきらわれている。やたら攻撃的で、人の話に割って入っていらいらさせるからだ。彼がだれかを怒らせるたびに、妻があやまってまわるのがお決まりになっていて、周りは妻に同情している。

パートナーに、あなたの尻ぬぐいをさせてはならない。

自分が困ったときは助けてくれるからだいじょうぶ……、そんな期待をしてはいけない。自分で対応すべき相手に、パートナーに文句を言わせるのもよくない。いっしょに出かけた場所でひとりだけ酔いつぶれるなんてもってのほかだ。それほど具合が悪くないのに「いま寝込んでいて」と会社に連絡してもらうのもだめだ。

交通ルール違反でも、パートナーなら見逃してくれる、そんな考え方をするのは論外だ。愛するパートナーに重荷を負わせるべきではない。それはなにより、パートナー自身の自尊心を傷つけてしまう。

反対に、パートナーにはあなたを誇りに思ってもらえるように努力するべきだ。そのためには、正直で、誠実で、思いやりにあふれ、親切で、思慮深い……、いつも、こうした態度をとるよう心がける必要がある。

そもそも誠実で品よくふるまうことは、パートナーと周囲のすべての人々にたいしての義務なのだ。

もちろん、すべての人が〝誠実であることが大切だ〟と考えてはいないだろう。しかし、あなたが誠実に正しいと信じることをし、それをパートナーも理解しているなら、いっさい後ろめたく感じることはなくなるのだ。

Rule 26

パートナーの幸せを優先に考える

マイホームを自分たちの手で建てることにした夫婦がいる。建築も半ばにさしかかったころ、妻のほうが意を決してこう打ち明けた。

「完成しても、この家に住む気になるかどうかわからない」

ここでは詳しく説明しないが、それには完全に正当な理由があった。いっぽう夫のほうは、たいへんな努力を注いだ家をむだにしたくはなかった。

たいていの夫婦なら、この時点でけんかになるだろうが、このふたりはちがった。夫は、もし妻がほんとうにいやなら、住むのはやめようと言った。いっぽう妻は、まず一年は住んでみて、それでもがまんできなければ、売却を考えたいと提案した。

夫婦が、きわめて友好的なこの合意にたどり着けた理由はシンプルだ。「それぞれが自分より相手を優先して考える」――ふたりともそうしたからだ。

相手の幸せを望むからこそ、相手の話を一生懸命聞いて、相手の視点に立って考えた。相手がハッピーでなければ自分も幸せにはなれないことを、このふたりは知っていたのだ。

自分の幸せよりまず相手の幸せを考える――強く良好な関係を作るには、こうした考え方が絶対不可欠である。これなしで幸せな関係を築いているカップルはいない。

ふたりが同じように考えるからこそ、うまくいくのだ。パートナーが相手を優先して考えれば、もう一方もゆったり構えて、自分の希望やニーズをあと回しにできる。自分のことに必死にならなくてすむようになるのだ。

片方だけが相手を優先するような関係もあるが、究極の呪われたカップルと言ってよいだろう。ぜったいに幸せにはなれない。優位に立っているほうも、ふたりで幸せになる道を見つけそこなったことになる。

強く、温かく、愛にあふれ、満ちたりているのは、ふたりそろって相手を最優先するパートナーシップなのだ。

Rule 27

愛のサインを見逃さない

以前、ある夫婦と夕食をともにしたときの話だ。ふたりは、悪意のない冗談を言い合っていたのだが、そこで妻のほうは「夫はいままで、愛しているそぶりを見せたことがない」と言った。それにたいする夫の答えはこうだった。

「それは聞き捨てならないな。じゃあ、毎朝僕が入れるコーヒーはどうなんだい？ 週末の朝は、僕が子どもの面倒をみて、朝寝坊させてあげてるじゃないか。それに、君の車を洗ってあげるのは？」

彼女はきっぱりと言った。

「だってそんなの全然ロマンティックじゃないもの」

夫はすっかりとまどった様子でこう言うしかなかった。

「じゃあきみは、なんで僕がそんなことをしてると思うの？」

相手が自分をどれくらい大事にしてくれているか知りたければ、ロマンティックなプレゼントにばかり気をとられていてはだめだ。日々の、なんでもない思いやりにあふれた行為が〝愛のサイン〟でなくてなんだろうか。ほかにどんな目的があるというのだろう。

パートナーの愛の表現方法が、あなたとまったく同じだと考えてはいけない。チョコレートや花束のプレゼントはうれしいだろうが、たとえば洗車や庭の手入れなど「ほんとうはやりたくないだろうな」と考えて、あなたの代わりになにかをしてくれる――そのほうがあなたへの愛に裏付けられた行動ではないだろうか。

だからこそ、ありがちなロマンティックな行為をしてくれないからと言って、パートナーを責めるのはよそう。

さりげないサインをきちんと理解できるようになれば、あなたはパートナーがコーヒーを入れてくれるたびに「愛してる」のサインを確認し、安心感と幸せを感じることができる。そうしたら今度はパートナーにコーヒーを入れてあげて「あなたがわたしを愛してくれるように、わたしも愛している」と知らせよう。

ときにはヒーロー・ヒロインになる

Rule 28

子どものとき、おとぎ話は好きだっただろうか？　わたしはいつも空想の世界で遊んでいた。そこでの自分は、馬にまたがる誇り高きヒーローとなって悪者と戦っていた。ヒーローやヒロインになるのは、いまからでも遅くない。人類を救うチャンスはないかもしれないが、愛する人を救うチャンスなら、これからもたくさんあるはずだ。

たとえば、相手が混乱していたり、つらい思いをしているとき、心の内でヒーローの衣装に着替えよう。そして、愛する人が心穏やかでいられる避難場所となってあげよう。

引っ越しをして、山ほどのダンボールを前に途方に暮れているとき、あなたがやる気満々で作業をすれば、作業の先行きも見えてくる。そのうち、引っ越しの荷ほどきもなかなかおもしろい作業に思えてくる。

パートナーが体調を崩したときは、またとない機会だ。パートナーが病院から帰ったときには、家の中はかんぺきに片づいていて、なにも問題なし、という状態にしておこう。

ここで、ひとつだけ注意すべき点がある。パートナーがほんとうにヒーローを求めているのかどうか確認することだ。

わたしの知人は（……白状しよう。わたしのことだ）、相手が助けを望んでもいないのに、先回りして勝手な行動をして相手に干渉しがちだ。これはへたをすると、相手が自分では解決できないと見くびっていることを示すことになりかねない。

あなたはパートナーの人生をコントロールしてはいけない。ただ、危機のときにはクラーク・ケントのようにすばやくヒーローに変身して、危機が過ぎ去れば、ふたたび日常モードに戻ればいいのだ。

だれでも自分の中にヒーロー・ヒロインが眠っている。さあ、あなたの中のヒーロー・ヒロインを見つけよう。自分の中に潜むヒーロー・ヒロインを見つけたら、パートナーが助けを求めるその場所に、勇気をふるって駆けつけよう。

Rule 29

ちがいを認め、共通点を大切にする

厳しいときも、つらいときもいっしょに耐え抜けるすばらしい関係を築き、ふたりいっしょに幸せになりたいなら〝ふたりはちがう〟という事実を乗り越える必要がある。それを受け入れて、メリットを見いださなければならない。

彼は電話が得意、あなたは手紙が得意。
ひとりは片づけ上手、もうひとりは、のんびり過ごす楽しさを教えられる。
ひとりは子どもと遊ぶ才能があり、一方はお話をさせたら右に出るものはない。

このように、異なる強みをもったふたりの組み合わせこそが、最高のチームになる。個人として優れていれば、チームならもっと多くのことを成し遂げられるのだ。

相手の不可解な行動や、不適切に思えるやり方にいらっとくることがある。そんなときは、〝ふたりはちがう。だからこそ強い〟ということを思い出すことだ。

ふたりがあらゆる点で似ていたらどんなに退屈かは言うまでもない。自分のクローンなどパートナーにはしたくないはずだ。


だからといって〝ふたりのちがい〟ばかりを数えるのもよくない。共通点を探すことも大切だ。

ふたりともが情熱を感じる対象を探してみよう。雨の中の散歩、ボードゲーム、ネイチャー系のドキュメンタリー番組を見ること、パブに行って友だちと会うこと……なんでもいい。そして、それをいっしょにできる喜びに感謝しよう。

実際、パートナーと共有できることが多いのは、とてもありがたいことだ。たとえば、趣味・興味が同じだったり、子育てについての考えが共通なら、そんな相手はなんとしても大切にするべきだ。

もちろん、それがちがっていてもまったく問題ない。まったく健全なことだ。その他の共通点を探せばいい。

Rule 30

パートナーを悪く言わない

実に悲しいことだが、パートナーの目の前で相手の悪口を言う人がいる。もちろん、わたしはしない。まったくひどい行為だと思う。

どこまで本気で言っているのかわからないのだが、パートナーを他人の目の前で悪く言って、いたたまれなくする。つまらないことで意見が食いちがって、相手に腹が立っていたりすると、こんな事態につながりやすいようだ。

こうした態度は許されない。だれにたいしてもそうだが、特にパートナーにたいしてはぜったいにしてはだめだ。

たとえ腹が立っても、人前でさらし者にするなんてとんでもない。人前で自分をおさえられないなら、家から出るのをやめるべきだ。愛する人の気分をだいなしにして、恥をかかせて楽しむなんて、心がゆがんでいる人間のすることだ。

わたしは、プロの心理学者がいつかこう証明してくれないかと期待している——「他人をけなす人というのは、相手にたいして劣等感があり、けなすことで自分の位置を引き上げる必要があるのだ」と。

人を悪く言うという行為には奇妙な点がある。けなす側は、けなされる側の評価が低くなると考えているらしいが、そうした状況を経験したことがあれば、実はそうではないとおわかりだろう。いつだって、けなしている本人がきらわれるのだ。

周りの友人たちは、パートナーを悪く言う側を苦々しい思いでながめ、黙って耐えている側に同情する。

わたしが言っているのは〝愛あるからかい〟のことではない。おたがいに愛情をもって冗談を言い合っているカップルがいるが、これはまったく別物だ。双方がからかいの対象になっていて、ふたりともがおかしいと感じるので、関係はさらに親密になる。自分がどちらに当てはまるかは、すでにおわかりのはずだ。

あなたの言葉にとげがあって、パートナーはその場をやりすごすために笑っている。もしそうなら「相手もいっしょに楽しんでいる」なんて考えず、いますぐやめるべきだ。

Rule 31

パートナーの夢の実現を応援する

ルール23で、パートナーが自分の時間をもつことを応援することにあなたは同意してくれた。ここではさらに一歩進んだ場合のことを考えてみよう。

切手収集が趣味のパートナーが自分の時間でやりたいこととは、実は新分野の切手収集のために一週間続くイベントに参加することだった。

あるいは、カメラが趣味のパートナーが、いまのまともな仕事を辞めて、二年間専門学校で写真を習いたいと考えていた。そのあいだ家計を支えるのはあなただ。

もしくは、パートナーが転職して、毎月一週間は出張する仕事に就きたいと考えていた。

最初の約束とちがうじゃないかって……？

いや、残念ながら、そうではないはずだ。あなた個人の夢のリストにはなかったから、パートナーの夢のリストに細かい文字で書かれた説明を見逃したのだ。

だれかを愛するなら、相手の夢や野心、計画を応援するのは、あなたの仕事だ。そこで、あなたがすべきことがある。それは心を広くもち、熱い思いを共有し、しんぼう強くなること。そして、嫉妬や怒りの気持ちをぐっとおさえることだ。

それはときにむずかしい……、ものすごくむずかしいが、その結果〝より強いつながり〟という究極の報酬を得られることを覚えておいてほしい。まちがいなく価値あることなのだ。

パートナーの夢が、あなたの気に入るものでない場合はどうしたらいいだろう？　あなたの感じる抵抗の理由をよくよく考えてみる必要がある。そのうえで、あなたには心配な気持ちを伝え、相手と話し合う権利がある。

たとえば、大学に戻るためにパートナーが仕事を辞めるとしたら、これからのお金のことを不安に思うのは当然だ。しかし、相手を「応援したい」という視点でアプローチすること。「どうしたらうまくいくだろうか」という気持ちで話し合う必要がある。

根底には、「パートナーが夢を実現する姿を見たい」という気持ちが必要なのだ。

Rule 32

けんかしたまま一日を終えてはいけない

これは、子どものころ、わたしの母が決めたルールだ。

わたしは「寝ているあいだに相手が死んでしまうかもしれないから、怒ったまま寝てしまってはいけないのだ」と解釈していた。

なんとも大げさに考えていたものだと思うが、しかし現実に起こらないとは言いきれない。万が一けんかしたままパートナーが亡くなってしまったら、あなたはその後何年も後悔の気持ちに振り回されることになる。

相手を見送るときに「この人が二度と帰ってこなかったら……」そう考えるのはむだなことではない。暗い話で申しわけない。ただ、相手と別れるときには「これが最後かもしれない」という感覚を心の片隅にもっておくのは、けっして悪いことではないのだ。

大人として恥ずかしくない程度に、ごくたまに口げんかする程度なら、別に悪いことではない。マナーを守っていれば、意見を戦わせることをやめることはない。

それでも口論は不愉快なものだ。できるだけ早目に片をつける必要がある。ふたりは毎日を新鮮な気持ちでスタートさせるべきで、そのためには言い争った気持ちのまま、ベッドに入ってはいけない。

もちろん、大きな問題はまた後日さらに話し合う必要があるだろうが、解決するまで仲良くするのをやめたり、ずっとふきげんでいる必要はない。

納得いかないからといって、日ごろは使っていない部屋で寝たり、同じベッドの中でもふきげんな態度丸出しで背中を向けるような子どもじみたふるまいは、月並みのカップルにさせておけばいい。

すばらしい関係を目指すふたりなら、一日の終わりにはどんな口論も一度終わりにすることができるはずだ。


そのために必要な能力は、自分のちっぽけなプライドをぐっと飲み込む能力だ。それをパートナーがまだ習得していないなら、結果はあなたにかかっている。

先にあなたが一歩を踏み出し、問題は寝る前に解決してしまおう。かんたんなことだ。

そのための最善の解決法は、次のルールを読んでほしい。

Rule 33

自分から先にあやまる

そのつもりはなかったのに、いつのまにか相手とけんかになってしまった。さあ、どうしたらいいだろう?

その答えはシンプルだ。相手よりも先に自分から「ごめん」とあやまることだ。

あやまるのは、どんな気持ちだろうか? 自分のプライドをむりやり押さえこまなきゃいけないと感じるだろうか?

あなたが大人で、しっかりした自分をもっているなら、先にあやまることができる。なにも五百人の観客の前で公開謝罪するわけではない。あなたにとっていちばん身近で愛しい人に、そっとあやまるだけだ。あなたにはできる。

では、なにをあやまるのか? ほんとうは自分が正しいと思っているのに、「ごめん」

と言うなんて偽善的だろうか？

あなたは、自分の意見や行動についてあやまるわけではない。〝おたがいの意見のちがいについての議論をけんかに変えてしまったこと〟をあやまるのだ。

けんかは相手ひとりではできない。つまり、けんかを成立させてしまうほど自分が子どもじみていたことを謝罪するのだ。

けんかを終わらせるには、どちらかが先にあやまる必要がある。そして、それはあなたの役目だ。あなたが先に、心が広く、穏やかに話し合える大人であることを証明するのだ。うまくできればパートナーも大人の態度を見せてくれるはずだ。先にあなたがあやまってくれたおかげで、パートナーもそれができる自分を思い出すことができるのだ。

覚えておいてほしい。ことを過熱させ、手に負えなくしてしまったことにたいして、あなたはあやまる。もともとの自分の意見や行動にたいしてではない。

これは、あなたの意見や行動が度を越していなかった場合の話である。そもそもほんとうにやりすぎてしまっていたなら、自分の意見や行動についても心からの謝罪が必要だ。

Rule 34

捨てゼリフをがまんする

パートナーとちょっとした口げんかをしているとしよう。

どちらも言いたいことはだいたい言ったし、言うべきでないことも多少は言ってしまった。本来ならどちらかが黙って終わりだが、なかなか終わらない。

たいていの人は、自分が先に黙るのががまんできない。相手の言葉に言い返さないでいると、相手が正しくて自分がまちがっていると認めたことになるからだ。

しかし、そんなちっぽけなプライドのために、いつまでもけんかを続けているべきなのだろうか？　最後に余計な捨てゼリフを言って勝った気分になって、満足だろうか？　それは大人のすることではない。

そもそも、ふたりはなぜいっしょにいるのだろう？

パートナーは敵ではないのに、なぜ勝とうとするのだろう？

どちらかが大人になり、相手の言葉に言い返さずがまんするまで、この口論は永遠に続く。思慮深く、賢く、物事を客観的にながめられる人だけが、けんかを終わらせることができる。ケチな勝ち負けにこだわらず、良識と広い心をもった大人——そう、それはあなたのことだ。

パートナーでも意見が合わないことがあるのは、当然だ。そんなときに大切なのは、協力して解決策を見つけることだ。

あなたが大人になって、最後の言葉を相手にゆずろう。実りのない口論が早く終わるほど、おたがいが納得できる解決策を早く見つけることができるのだ。

だまされたと思って一度ためしてみてほしい。きっと建設的で正しいことをしているというすがすがしい気持ちが味わえるはずだ。

ただし、そこで勝ち誇ってえらそうな顔をしないこと。勝ち負けにこだわらないことが〝良識と分別をもった大人〟の条件であることを忘れないでほしい。

Rule 35

パートナーの問題はあなたの問題

片方が問題を訴えているのに、もう片方が「自分には関係ない」と言っている、そんな場面を目にしたことはないだろうか?

「○○をどうにかしたいのだけれど」と相談しているのに「自分は特に問題には感じないけど」のひとことですませてしまうような人がいる。「それは、あなたの問題だ」と、大まじめにパートナーに言い放つ人も少なくない。

とんでもないことだ。パートナーの問題はふたりの問題だ。ふたりで協力し、解決しなければならない。だからこそパートナーという言葉を使うのだ。

パートナーが困っていると訴えたら、真剣に受け止めよう。

すぐさま、なんでもパートナーの言うとおりにする必要はない。パートナーの悩みの原因を取りのぞくために、すぐに仕事を辞めたり、引っ越したり、子どもを作る……、そこまでするのは急ぎすぎだ。

ただ、ふたりが共有する問題を、正しい方法で解決へと導かなくてはいけない。

正しい方法とはどんな方法だろう？

それは、だれもが知っている、あたりまえの方法――つまり〝話し合う〟ことだ。

「なぜそれが問題なのか」「その問題を解決し、新たな問題に悩まされないためにはどうすればいいか」を、意見交換してほしい。

強い絆で結ばれたふたりのあいだに存在しうる問題は、たった一種類〝ふたりが共有する問題〟しかない。パートナーがハッピーでないという事実が問題であり、それはあなたの問題なのだ。

Rule 36

パートナーを神様に祭り上げない

自分のパートナーを崇拝している人は多い。まるで相手が王様か女王様であるかのように尊敬しているのだ。

自分は、そこまで極端ではないと思われるかもしれない。しかし、程度の差はあっても、だれでも人を好きになると、相手をかんぺきな存在だと思い込みがちだ。

しかし、もちろんかんぺきではない。相手は人間だ。まちがいもするし、落ち込むこともあるし、ピントはずれのことを言ったり、はめを外すこともある。それは避けられない。あなたも、わたしも、だれもがそうだ。

人によっては、崇拝されるのを楽しむ人もいるかもしれないが、だれもが楽しめることではない。むしろ〝期待にそわなければ〟という強いプレッシャーを感じ「理想のイメージどおりでないと幻滅させてしまうのでは」と、不安を感じる人のほうが多い。

そして、どんなにかんぺきに見えても、いつかは不完全な部分を見せることになる。かんぺきな美人と思っていたパートナーが太ってしまった。誠実さを絵に描いたようなパートナーがうそをついていた。強くて自信たっぷりに見えたパートナーが実はまったく頼りなかった。

あなたはがっかりするだろうか？　だとしたら、相手にたいしてフェアとは言えない。彼らはけっしてみずから「わたしはかんぺきな人間だ」と言ったわけではない。あなたが勝手に崇拝したのだ。

パートナーに高みにいてもらいたいなら、ときには神棚に置いて崇拝するのもいいだろう。しかし、そこに置きっぱなしにするのはいけない。好きに昇り降りさせて、相手が神のごとくふるまうときだけ、あなたはそれを楽しめばいい。

かんぺきに見えるときも、だらしない人間のようにふるまっているときも、同じように楽しもう。そうすれば相手はずっと生きやすくなり、あなたの人生もより楽しくなる。そして、ふたりの関係はさらにほんものになる。

Rule 37

話を聞くべきか、行動するべきかを見極める

これは、わたしにとっては、いちばんむずかしいと感じるルールのひとつだ。その理由は、わたしが男だからかもしれない。

だれかが「悩んでいる」と言えば、どうしてもわたしはそれを解決しようと考える。しかし、どうもそれは望まれていないことが多いのだ。

帰宅したパートナーが、仕事でだれかとやりあってしまったと言うとき、必ずしもアドバイスを求めているわけではない。自分の身は自分で守れるのだ。

たいていは「きみがそうしたのも無理はない」と言ってほしいだけなのだ。それで「不安を感じたり、腹を立てたりしてもいいんだよ」と認めてほしいのだ。

ただ「うんうん」と耳を傾けて、「怒ってあたりまえだよね。僕だったら爆発してた」などと相づちを打つだけで「きみはまちがってないよ」と承認することになる。

相手を助けるべきか、それとも話をただ聞くべきか、どちらが求められているかは、どうすればわかるだろう。

ほとんどの場合、まずは〝聞く〟ことからはじめれば、「相手が求めるもの」はおのずと明らかになる。アドバイスが欲しければ、相手は「どうしたらいいと思う？」などの言葉でほのめかすだろうし、それをしないなら、たぶんアドバイスは不要なのだ。

それでもまだあなたが迷うようなら「アドバイスが欲しい？　それとも話をしてすっきりするだけでいい？」と質問すればいい。

実際に手助けも欲しいし、さらに話も聞いてもらいたいという場合もある。

パートナーが交通渋滞に巻き込まれ「帰りが遅くなって、夕食の準備もできない。買い物もしていないし、ネコのえさも切れている。もうどうしよう」と混乱していたとする。あなたは相手が帰宅するまでにはすべてを解決した。だとしても、それで終わりではない。あなたは話を聞く必要がある。なぜかって？

ストレスフルな経験をしてきたあとでは、それはたいへんな経験で、あせってしまうのは当然だと、認めてもらう必要があるからだ。

Rule 38

魅力的でいるために努力をする

あなたはいまもパートナーの魅力を感じているだろうか？　パートナーには、初めて出会って好きになったときと変わらず、魅力的であってほしい。そう思うのは当然だ。

相手に魅力的であってほしいと望むなら、あなたもがんばらなくてはいけない。外見だけではない。ふるまいや話し方、声の柔らかさ、ちょっとした愛情表現。こうしたすべてが魅力のうちだ。

それなのに、時間がたつうちに努力を忘れてしまっては、相手にたいしてフェアでない。逆の立場なら、あなただってうれしくないはずだ。

だれでも初めてのデートのときは、できるかぎりかんぺきに見えるように準備して、出かけるものだ。しかし年月がたてば、そんな努力もしなくなる。体重も何キロか増えるかもしれない。

それはそれでいい。しかし、あなたは守るべき基準を決めて、パートナーのため〝できるかぎり魅力的でいようと努力している〟と示さなければならない。

こざっぱりして清潔な印象になるようにヘアスタイルを整えて、感じよく見える服を選ぶのはむずかしいことではない。特別な努力は必要ないのだ。

必要なのは、パートナーの視点に立って、敬意を示すこと。〝視点〟という言葉のとおり、パートナーは、あなたをもっとも長い時間見つめる人だからだ。

そして、たまにはもうひとがんばりしよう。

久しぶりの外食や誕生日、パーティといった特別な日には、いつもよりもおしゃれにしよう。パートナーのためにドレス・アップするのもいい。

初めてのデートの日のように、鏡の前に立つ時間を確保して「いっしょの時間を過ごせてよかった」と相手が感じ、その幸運を喜べるように。

Rule 39

言葉で相手を承認する

「最近は、全然愛してるって言ってくれないのね」

「愛してるに決まってるじゃないか。言わなくてもわかるだろ」

ある程度の期間、いっしょに過ごしている男女の、ありがちなやりとりだ。これにはいろいろなバージョンがあって、テーマは愛情問題にかぎらない。ほかに多いのは「最近きれいだって言ってくれないのね」というやつだ。


そう、だれもが承認と励ましを必要としている。人間は、そうできているのだ。よくやっているときには、「よくがんばってるね」と言われたい。だからこそ、学校では賞の授与をする。試験でだれがいちばんかは、みんなが知っていても、わざわざ表彰する。アカデミー賞や年間最優秀スポーツ選手賞のような式典を行うのもそのためだ。認められ、受け入れられたい―人はいつもそう思っている。その欲求を満たすためのいちばんの方法は〝口に出して言う〟ことだ。

あなたのパートナーがあなたを愛しているなら、あなたから認められることにこそいちばん意味があるはずだ。だから、パートナーがすてきに見えたとき……、やさしくしてくれたとき……、美味しい料理を作ってくれたとき……、あなたをただ笑顔にしてくれたとき……、どんなときも〝あなたはすばらしい〟と知らせる必要があるのだ。

愛しているということも、言葉で伝えるべきだ。わたし個人の意見としては、一日一度はあたりまえ。それ以上なら、よりすばらしい。

これは、ただの習慣になったら意味がない。思いがけないタイミングで言うように努力しよう。そして、心からの言葉のように（もちろんそのはずだが）伝えるのがポイントだ。

このルールは、パートナーだけでなく、家族や友人、職場の同僚まで拡大すべき普遍的ルールだ。まずはパートナーを相手に実行しよう。そして次のステップとして、周りのすべての人についても、同じようにできるようになれば、このルールは卒業だ。

Rule 40

パートナーの親にならない

友人、恋人、仲間、協力者、なぐさめ役……。よいパートナーになるには、たくさんの役割を演じなくてはならない。

しかし、なってはいけないものがある——それは〝親〟だ。

「家に上がる前に、靴の泥を落としてね」

「全然食べてないじゃない。もっと食べなきゃ……野菜はぜったい残しちゃだめよ」

「どう見ても、運動不足だよ……ジムに行ったほうがいいよ」

こうしたことはすべて、パートナーが自分自身で判断できることだ。相手がなにをすべきか、あなたが指示する必要はない。言いたいことがあれば、指示や命令ではなく、あなたの意見、つまり〝ひとつの考え方〟として表現しなければいけない。

あなたが親になってしまうとどうなるだろうか。その結果にはふたつのパターンがある。

ひとつ目は、まるで子どものような反応。言われるまま、あなたが親になるのを受け入れる。最初はうまくいくように見えるが、ふたりの関係の平等性は崩れてしまう。あなたが甘えたくなっても、相手はその役目を果たせない。また、相手は自分の問題すべてについて頼ってくるが、あなただっていつも応えられるわけではない。これではどう考えても、ハッピーな関係にはなれない。

もうひとつは、反抗的なティーンエイジャーのような反応。親になろうとするあなたに真正面から反撃してくるパターンだ。相手はあなたに腹を立て、歯向かってくるので、ふたりは対立することになる。

だれかの親になりたければ、自分の子どもを作る──それしか解決策はない。あなたに命令傾向があるならパートナーに指摘してもらってやめるようにしよう。でないと、ふたりの関係をよくしていくことはできないからだ。

Rule 41

パートナーの人生から手を引かない

なにをするにも別行動の夫婦がいた。もういまは夫婦ではない。

それぞれに別々の友人が多かった。

夫は失業中で、週末は転職準備の訓練セミナーの受講のため家を留守にした。平日は妻が仕事に出ていたので、ふたりは顔を合わせることがなかった。

夫は妻の実家とほとんどかかわらなかった。うまくいっていなかったし、時間もなかった。妻には病気の身内がいたのだが、夫はいろいろな事情をきちんと理解していなかった。

妻も、夫の生活についてほとんど知らなかった。夫は、訓練セミナーを通じた新しい友人とのつながりを深めていたが、妻はそのだれとも会ったことがなかった。

もう、どうなったかおわかりだろう。ふたりは必然的に別れることとなった。

別れたって、たいして状況は変わらないのだから「自分たちが別れたことにもほとんど気がつかないのでは……」とも言いたくなるが、そんなことはなかった。実に苦痛を伴う離婚だったのだ。

パートナーの人生にかかわらないなら、なんのためにいっしょにいるのだろう。相手のことを知らないのに、どうやって問題のある状況から救えるだろう。それまでの努力を知らないのに、成功を祝えるだろうか。

いつもいっしょにいるべきだとは言わない。自分だけの趣味や友人はもつべきだ。おたがいに語るべき話題があるのは悪くない。いつもいっしょだと、それが難しくなる。

ただ、おたがいの生活のできるだけ多くの部分に関わろうと努力する必要がある。

あまり気乗りはしないかもしれないが、相手の職場を訪ねてみるのもいい。そうすれば、パートナーは同僚のことを話せるようになる。たまにはパートナーの友人と会い、家族ぐるみのつきあいをしよう。

プラモデルをゼロから組み立てようというパートナーにつきあうのは無理でも、せめて試運転はいっしょにしよう。

おたがいの生活の一部になれば、いいことがたくさんある。それぞれ別に過ごす時間も大切にしながら、いたるところでいっしょに過ごそう。

Rule 42

文句があればちゃんと言う
――ただし、ユーモアを忘れずに

さあ、遠慮せずじゃんじゃん挙げてみてほしい。パートナーのイラつくところは？　いくらでもあるはずだ。まず最初に思いつくことはなんだろう？

あなたのお気に入りの曲を、いつも調子はずれに歌う？
断りもせずに、テレビのチャンネルを替える？
バターナイフをそのままテーブルに置く？
話の途中でさえぎる？
イビキがうるさい？
まだ使える歯磨きチューブを捨ててしまう？

小さなことが山ほどあるにちがいない。だれだって、ほんのちっぽけなことでパートナーをいらいらさせるものだ。これは避けようがない。

性格を変えてほしいとは頼めない。がまん強くなる必要はある。しかし、がまんの限界だと感じたら、ストレスを抱えていらいらするより、自分の気持ちをパートナーに知らせたほうがいい。

ここでひとつ大事なルールがある。愛情とユーモアを交えて伝えることだ。

たとえば、妻とわたしはあるシステムを構築している。「ところで、今後の参考にと思って言うんだけど……」と笑顔で妻が切り出せば、わたしが無意識にやったなにかについて言いたいのだなとわかる。

もうひとつ押さえておきたいポイントは、相手に伝える前に、自分が同じことを言われてがまんできるかどうかを考える、ということだ。

相手が、愛情とユーモアをもって伝えようとしたなら、あなたも腹を立てずに、相手の言葉を受け入れよう。たとえあなたが、トイレのドアを開けっぱなしにするくらい、なにも悪くないと思ったとしても、そのせいでパートナーがいらいらするなら、相手には、ひとこと言う権利があるのだ。

Rule 43

パートナーを楽しませるために、もうひと工夫する

誕生日とクリスマスには、プレゼントとメッセージカードを贈れば充分……ではない。

相手の体調が悪いときには、チキンスープを作ってあげれば合格……ではない。

ふたりで話し合って、家事は平等に割りふっているから、毎日自分の分担をしっかりこなせば、それでいい……わけでもない。


〝必要なだけぴったり〟では足りない。それ以上に〝もうひと工夫〟するべきなのだ。

だれかのためにプラスアルファなことができるなら、まちがいなくパートナーをそのリストのトップにもってくるべきだ。さあ、想像力を働かせよう。


パートナーの不意をついて、あっと言うほど喜ばせるにはなにができる？

パートナーが心の底から〝自分は特別〟で〝愛されている〟と感じることは？

あなたの相手への気持ちがどれほど深く大きいものかを示す方法は？

お金は必要ない。大切なのは、高価な贈り物やぜいたくな楽しみではない。努力と思いやりと心づかいがいちばん大切なのだ。

それはあなたにとっても、ずいぶんと楽しめることになるはずだ。どんなに相手を愛しているか示すために、クリエイティブに考えることで、退屈な時間は楽しくなる。サービス精神とは、かぎりない楽しみの源泉なのだ。

どうやって相手をよろこばせようか、ドキドキさせようか、なにをプレゼントしようかとあれこれ企画するのは心躍る時間だ。そして、パートナーもそれを見て愛を確認して楽しむことができる。

それは、あなたにとっても最高のごほうびではないだろうか。パートナーがよろこぶ様子を見る、それ以上の報酬があるだろうか。

Rule 44

初めて待ち合わせしたときのように

初めて待ち合わせたときのことを覚えているだろうか？

相手が現れるまでドキドキし、姿が見えたら体がビクッとしたはずだ。相手を目にすればいつも太陽が顔を出すように感じ、相手と別れれば取り残された気分になっただろう。

そんな気持ちはしだいに消えていく。

もう不安になったり、ドキドキすることはない。相手の顔にも見慣れてしまった……。そうなったとしても、すっかりちがった気持ちになってしまうわけではない。パートナーが現れれば、ハッピーな気分が増すはずだ。

いっしょにいる相手として選ばれたのが自分だということに誇りを感じることもあるだろうし、たとえ数日でも相手が留守にすれば、帰ってきたときには心がはずむ。

パートナーにも、同じように感じてもらえたら、どれほどすばらしいだろうか。自分を見れば、ドキドキし、心が躍り、誇りに思い、ハッピーな気持ちになる。だれかにそれほどの喜びを与えられたら、それだけで生きる理由になる。

もちろんあなたにもできる。**相手と会うときには、つねに温かく、愛をこめて相手を迎えよう**——そう決心すれば、それでいいのだ。いますぐはじめられる。

相手の顔を見たとたんに、今日がどんなにひどい一日だったかこぼしたりしてはだめだ。まずは微笑んで、抱き合ってキスをするのだ。

最悪の一日だったら「とんでもない日だった」なんて言わず、「今日みたいな日に、きみと話せて、ほんとにうれしいよ」と言おう。もちろん、その前に「どんな一日だった」と相手にたずね、その答えを聞いてからにするべきだ。

本書のルールには、とても実行するのがむずかしいものもある。しかし、このルールはちがう。感動的なほどシンプルかつまっすぐなルールだ。さっそく今日からはじめよう。

Rule 45

パートナーに責任を押しつけない

だれでも失敗をすることがある。そんなときは、だれでも他人のせいにしたくなる。そんなとき、いちばん都合のいい相手は、いちばん身近にいる人、つまり、あなたのパートナーではないだろうか。

いつもいっしょにいて、おたがいの事情も知っている。ちょっと気をきかせてくれれば、失敗することはなかったかもしれない。

旅行にカメラを忘れてしまったら、あなたは相手に食ってかかり「どうしてカメラをバッグに入れといてくれなかったの？」と言いさえすればいい。そうすれば、気分もいくらかましになる……。

どんな状況についての話か、あなたにも思いあたる節はないだろうか。つまり、自分が批判されたくないばかりに、パートナーを責めてしまう場合のことである。

当然のことだが、パートナーがいるからといって、自分でカメラをバッグに入れておけるだけの自立した人間をやめる必要はない。ひとりなら荷物は自分で用意して、忘れ物をすれば自分を責めるはずだ。

「旅行にはカメラをもって行きたい、それなら自分でバッグに入れておく」そんなあたりまえのことが、パートナーがいるとできなくなってしまう人が少なくないのだ。

実は、結婚して子どもができると、この傾向はますます激しくなりがちだ。失敗がどうしても多くなるし、子どもはふたりのものなので、相手のせいにしやすいからだ。

「余分のオムツをもってきてって、ちゃんと言ったじゃない！」

そんなセリフを聞くたびに、わたしは考え込んでしまう。この例でも、もともとはふたりともが「オムツは忘れちゃいけない」と思っていたのだ。それなのに、実際にもってくるのを忘れてしまうと、とたんに相手に責任を押しつけてしまう。

ついつい身近な人を責めてしまうのは、心の底では自分が悪いとわかっているからだ。もっと大人になって、笑顔で責任を引き受けよう。そして、自分とパートナー、どちらも失敗することがあると認めよう。

Rule 46

パートナーの友人の悪口を言わない

パートナーの友人とは、たいていはうまくやっていけるものだが、ひとりやふたり、そばにいたくないタイプがいるのもよくあることだ。そんなとき、あなたはどうすればよいだろうか――?

その答えをひとことで言えば「たいしてできることはない」だ。

黙っていたとしても、そのうち自分の気持ちを隠し通せなくなるものだ。だからパートナーにほんとうのところを知ってもらったほうがいい。しかし、このことでパートナーを深く悩ませるようなことになるのは避けるべきだ。

シンプルに「○○さんは、ちょっと苦手かも。あなたたちがいっしょに出かけるなら、その晩はひとりでほかのことをしようと思う」とだけ言えばいい。

その友人の悪口を言ってはいけない。パートナーの友だち選びを批判していることになる。とにかく礼儀正しく、しかしその友人と同席するのは勘弁してもらおう。

だれでも、自分の好きな友だちとつきあう権利がある。友だちにだれを選ぶかは、あなたの権限外のことである。同じことをされたらどう感じるか、考えてみてほしい。

パートナーが友人と過ごす時間があなたといるより長いとしたら、あなたが嫉妬するのも無理はない。それでも、ある程度はそういう時間を認めるべきだ。あなた以外の人間とつきあうのをやめさせるのは、あまりに理不尽な要求だ。ふたりが納得できる最適なバランスを見つけるよう工夫する必要がある。

もうひとつ言っておきたいことがある。どちらかが、相手の友人の大半をきらっているような場合、ふたりがうまくいくとは考えにくい、ということだ。

どんな人間とつきあうかで、その人間がよくわかるもの。彼らがきらいなら、パートナーもその一員だということをしっかりと受け止める必要がある。

「パートナーの友だちはイマイチつまらない」とか、「なんとなくイラつく」と感じる人は多い。それは別に変ではない。しかし、パートナーが多くの時間をあなたのきらいな人と過ごす、その理由はどこにあるのかを考えなくてはならない。

Rule 47

嫉妬はあなた自身の問題

嫉妬心は、ふたりの関係をむしばむ可能性のある最たるものだ。まさに理想のふたりだったのに、嫉妬心のせいでだめになるカップルは少なくない。

実際に裏切りがあったのなら、それは仕方がない。しかしほんとうに無実なのに疑われる側は、信頼されないことに腹を立て、相手の気持ちを疑うことになる。

ルール13で学んだとおり〝信用なくして関係を成り立たせることはできない〟のだ。実際に裏切りの事実が判明しないかぎり、あなたは相手を信じる必要がある。

たいていの場合、嫉妬の原因は相手に理由があるのではなく、あなた自身の心の中にある。嫉妬心に対処すべきはあなた自身なのだ。

あなたが安心するためなら、パートナーはいつも自分の居場所を知らせ、携帯電話の履歴を見せるべきだろうか……。

パートナーにそんな義務はない。もしそうしてくれたとしても、解決はしない。携帯を渡す前にメールを削除したんじゃないかと疑い、居場所を十分おきに確認したくなる……、どこまでいっても安心はできない。

ただひとつの解決策は、「嫉妬を感じるのはなぜか」という問題に、あなた自身が取り組むことだ。友人に相談することもできるだろうし、カウンセラーのほうが話しやすいかもしれない。効果的な方法なら、どれでもいい。とにかく解決しなければ、嫉妬できる相手さえ失ってしまうかもしれない。

次にあなたが嫉妬されたときのことを考えてみよう。

その場合、秘密志向になれば、それだけ事態は悪化する。隠したい気持ちはわかる。なぜ自分の行動をすべて説明する必要があるのか理解できないだろう。

しかし、ふたりの関係をうまくいかせるには、パートナーを理解し、安心させてあげる必要がある。いらいらした態度で「自分はいっさい裏切ってなどいない。それを証明する義務もない」と自分の正しさを主張するなら、ふたりの関係に終わりを告げることになってしまうかもしれない。

Rule 48

子どもよりもパートナーを大切にする

このルールには反発したくなる人が多いかもしれない。実際、このルールを実践できる人は少ない。それは無理もないことだ。

しかし、このルールは、あなたにとっても、パートナーにとっても、そして（将来のことかもしれないが）あなたの子どもたちにとっても非常に大切なものとなる。

これは〝子どもよりもパートナーのために時間を使う〟というルールではない。

実際、特に子どもたちが小さいあいだは、子どものために、家庭の時間のほとんどすべてを割くことになる。しかし、子どもへの責任と時間配分のほうが大きい時期も、パートナーを人生の第一の中心にすることが重要なのだ。

これは〝パートナーだけを愛せ〟というルールでもない。家族みんなを充分に愛する必要がある。ただ、その愛の種類と、その時間はそれぞれに大きく異なる。

子どもは一生子どものままと感じるかもしれないが、親と子がいっしょにいる時間はあっという間だ。しかし、パートナーとは、もっとも強い絆で結ばれた最良の関係を続けていくこと、それが目標だったことを忘れてはいけない。

あなたは子どもよりもパートナーを大事にするから、いずれ子どもたちも、親のあなたより自分のパートナーを優先するようになる――それでいいのだ。

自分の両親が、おたがいのことよりも子どもを大切にしていると思ったら、子どもは家を離れて自立する自信とエネルギーをどうやって見つけられるだろうか。

親にとって、自分こそが最大の存在であることを自覚してしまったら、親元にいるのもしばられているように感じるし、離れようとするときは罪悪感にさいなまれる。

子どもは世の中に出て行き、親のあなたよりもっと大事なだれかと出会って恋に落ちる。あなたの子どもが心おきなく相手を探せるように、あなたにも大切なだれかが必要だ。そのだれかとは、あなたのパートナーのはずだ。

Rule 49

ロマンティックな時間を作る

数年たって、ふたりの関係が安定してくると、このルールを実行するのはむずかしくなる。仕事がおもしろくなってきたり、子どもができたりして、ふたりの時間が短くなると、さらにむずかしい。

ところが、ふたりの時間が少なくなるほど、このルールは重要になる。愛とは火を燃やすようなものだからだ。どうにかして絶やさない方法を見つける必要がある。さあ、パートナーをクラッとさせるとびきりのアイデアをひねりだそう。

森の散歩や公園へピクニックに出かけるのはどうだろう？
気持ちのいいオープンカフェでサンドイッチをほおばるのは？
観光地が近くにあるなら、ツアーに参加してみるのは？

仕事で時間をとるのがむずかしい人もいるだろうし、子どもがいれば、ひんぱんに家を離れるのは無理だろう。それなら家にいてロマンティックになれる方法もたくさんある。かんたんで安上がりなのは、ソファで手を握り合うことだ。ベランダや庭、近くの公園で食事をするのもいい。豪華なディナーでなくていいから、気の利いたテーブルクロスをしいて、とっておきのグラスでワインを楽しもう。

さらに、もっと魅惑的な愛の語り方も紹介しておこう。キャンドルの灯りの下で、おたがいにマッサージする。これは定番だ。なんとかしてバラの花びらを集めてきて、バスタブに浮かべて驚かせるのもいい。ポップコーンを抱えてお気に入りの恋愛映画をＤＶＤで見るのはいかがだろう。映画館の座席に並んだティーンエイジャーの気分になれる。そのあとは成り行きに任せて、好きにすればいい。

これぐらいで充分だろう。次はあなたの番だ。宿題を出しておこう——少なくとも週にひとつ、ロマンティックなイベントを考えること。三十秒ですむことでも、まる一日かかることでも、なんでもいい。そして、必ずそれを実行しよう。

Rule 50

ふたりの人生への情熱を忘れない

友人のカップルを何組か思い浮かべてみてほしい。最近、つきあいはじめたばかりのふたりではなく、もう何年か続いているところがいい。変わらぬ情熱をもっていそうなのは、どのふたりだろう。

わたしの経験では、思いあたる組み合わせは実に少ない。多くは、かつての情熱を失ってしまう。おたがいを使い慣れた家具かなにかのように思っている。そうでなければ、気をつかわずに文句を言える相手、あるいは、退屈なとき、好きなだけおしゃべりできる便利な相手とみなしているようだ。

初めて出会ったときの誓いは、どこに消えてしまうのだろう。

ふたりの関係を継続する価値のあるものにしたいなら、なんとしても情熱だけは手放してはならない。初めて出会ったときの情熱を、もう一度探し出さなければいけないのだ。

性的な情熱のことではない。もちろん、それも役に立つのだが、いま話しているのは、人間としての相手への情熱、そして、ふたりの人生にたいする情熱である。

では、なにをすればいいのだろう。どうすれば、長い人生で情熱をもち続けられるだろうか。その答えは〝パートナーといっしょにいる理由を見失わないこと〟である。

なぜ相手を愛することになったのか？
相手の幸せがなぜ自分にとって大事だと思ったのか？
相手を幸せにするチャンスに恵まれた自分をどれだけ誇りに思ったか？

こうしたことを忘れなければ、ともに生きる相手を幸せにすることを大切な目的とし、情熱をもって人生を捧げることができる。

これからパートナーのことを話すときには、声と言葉とであなたの情熱を伝えよう。
「いまも変わらずほんものの情熱をもち続けているカップルを選べ」と言われた友人が、必ずあなたたちの名前を最初に思い浮かべられるように努めるのだ。

Rule 51

仕事を分担する

対等な関係を作るためには、おたがいフェアに接することが必要だ。それが、パートナーへの愛情表現の土台となる。

唯一の公平な方法は、ふたりの人生のために平等に時間と労力を投入することだ。

ふたりが同じだけ働かなければならない。いっしょに暮らすふたりが朝同時に起きるなら、ふたりがすべてをやり終えるまで、片方だけが先に休んではいけないということだ。そうは言っても、すべてを均等に分ける必要はなく、おたがい納得できるように、平等に分担したらいい。

わが家では、買い物はすべて妻の仕事、洗い物はわたしの仕事だ。それがふたりにぴったりくる。朝はわたしが先に起きるが、ときどき妻に子どもを任せて出かけさせてもらう。妻が夕方の家事の最中はゆったり過ごす代わりに、わたしは夜、犬を散歩に連れて行き、食器洗浄機に洗い物をセットする。そのころ彼女はベッドに直行だ。

つまり、ふたりはまったく同じことをしているわけではないが、仕事の分担のバランスがとれていることに満足している。どちらも、都合よく使われているという感覚はない。


結婚し子どもが生まれて、妻が専業主婦となった男性に言っておきたいことがある。彼らはよくこんなことを主張する。

「自分は家庭のために、朝から晩まで働いて稼いでいる。そのあいだパートナーのほうは、ただ子どもと家にいるだけだ。家にいるときくらいのんびりしてどこが悪いんだ？」

わたしはこれまで、ハードな肉体労働から、クリエイティブなデスクワークまで、さまざまな仕事を経験した。一日じゅう子どもたちと家で過ごした時期もあった。その体験から言って、死ぬほどたいへんなのは、外に出て稼ぐほうではない。特に学校に上がる前の子どもを一日じゅう世話するのは、いままで経験したどれよりも消耗する仕事だ。


家にいることのほうがよっぽどたいへんなのだ。だからこそ、外で長く仕事をしているほうが、夜と週末だけでもたくさん家事をして、ようやく平等になる。もし、より多く休むに値する者がいるとすれば、それは家にいる側だ。

Rule 52

相手の仕事ぶりを信じる

仕事を平等に分担したら、その次は、相手が自分の仕事をきちんとやると信じて任せることが大切だ。相手の仕事ぶりをチェックしたり、アドバイスしてはいけない。

掃除機より前にハタキをかけるべきだと思ってもじっとがまんだ。ポテトを魚料理のつけあわせにするなんてありえないと思っても、気にしない。出世を目指してもっと働くべきだとか、もっと高給の仕事に転職すべきだと思っても、それを考えるのはあなたの役割ではない。

パートナーのやり方にたいする不満が長く続くようなら、ゆっくり時間をとって、あなたが心配に思うことをしっかりと話してみるほうがいい。

話し合うときも、それは相手の仕事だということを忘れてはいけない。思いやりを忘れず、冷静に、礼儀正しく話し合う必要がある。どうしても意見がまとまらない場合は、その仕事の責任を自分が代わって引き受けようかと提案してもいいだろう。

子どもがうまれると、このルールを守るのはさらにむずかしくなる。わたしの経験上、この点では女性のほうがパートナーをひそかに傷つけがちだと言わざるをえない。夫に子どもの世話を頼んだ妻たちは、必ずそのやり方に文句をつける。

「二時からオムツを替えてないの?」
「お昼にフィッシュスティックを食べさせるのをまた忘れたの?」
「いったいなんで出かける前にコートを着せなかったのよ!」

子どもの世話をパートナーに任せるなら、責任まで手渡す必要がある。わざと自分の子どもを傷つけようとする親はいない。わたしの経験からすると、母親とはやり方がちがうにしても、父親だって子どもの面倒を見るという仕事をうまくこなすものだ。

パートナーにはちゃんとできない――そう思うのは、あなたの〝信じる能力〟が不足している可能性が高い。やり方はちがうかもしれないが、きちんとできるはずなのだ。

Rule 53

うるさく言わない

つい最近、おもしろい研究結果を読んだ。

「相手にある行動をさせようと口うるさく言うと、黙っている場合より、その行動をしなくなる」というものだ。

たしかに、それはそうだろう。うるさく言われるのがどんな気分か、わたしにもよくわかる。

相手になにかをしてもらうには、別の方法をとる必要がある。しばらくほうっておけば、気が向いたら、そのうちはじめるかもしれない。まずは、**相手のペースを尊重する必要がある**のだ。

「なぜしないの?」と質問をして話を聞くほうがいいときもある。このとき、相手を責めるような話し方は厳禁だ。〝話を聞かせてもらう〟という真摯な態度が大切だ。

パートナーは疲れているのかもしれない。やり方がわからないのかもしれない。あるいは、それはあなたの仕事で、自分がやることだとは思っていなかったのかもしれない。

パートナーが根っからのなまけ者でないかぎり、なにか理由があるはずだ。その理由を探ろう。

ただたんに、それがきらい、ということなら、役割を交代するのも一案だ。あなたがそれを引き受ける代わりに、パートナーが別の仕事を担当すればいい。

なにごとも行動に移せない、どうしようもないなまけ者を好きになってしまったら、あなたが多くを引き受ける覚悟をするしかない。

口うるさく言っても、最後にはあなたがやることになるのだから、なにも言わなくても同じことだ。それが、なまけ者をパートナーに選んだ代償だ。

それ以外によいところがあるのなら、あなたも損はしていないのだろう。そうでない場合……、どうするか決めるのはあなただ。

やさしさと思いやりで相手に触れる

Rule 54

この本にセックスに関係するルールは数少ない。重要度が低いからではない。ただルールはあまり存在しないのだ。重要なルールはこのひとつだけかもしれない。

このルールは、手をつないだり、キスしたり、そのほかのちょっとした接触もふくめた、あらゆる身体的な愛情表現に共通のものである。

愛する異性に触れるという行為は、たんに性的欲求を満たす手段というだけではない。もちろん、そうした恩恵も受けるわけだが、いちばんの目的は〝パートナーへ愛情を、個人的に親密に表現すること〟だ。

そのためには、相手に触れるときには、やさしさと思いやり、尊敬の気持ちを伝えるように触れなくてはいけない。

ふたりがより愛し合い、信じ合うようになれば、クリエイティブで冒険的なチャレンジもできるようになる。それには、ふたりともが望んでいなければならない。相手を居心地悪くさせたり、不安にさせたりするようなことはいっさいしてはいけない。

相手はさまざまな体の触れ合いで〝自分とここまで親密になれる唯一の人〟だと、あなたを認めてくれているのだ。それはたいへんな賛辞であり、軽い気持ちでは受け取れない贈り物である。

パートナーが与えてくれた名誉に応えるためにも、あなたも相手への完全な注意と思いやりを向けることだ。まちがっても、別の空想にふけったりしてはいけない。

ふたりの触れ合いは、情熱的でワイルドにも、甘くやさしいものにもできる。できることならば、情熱をぶつけ合ったあとには、やさしさで相手を包み込む、そんな両方をできるふたりになれたらほんとうにすばらしい。

Rule 55

相手をコントロールしない

わたしの知り合いに、テーブルの上がすっきりしていないと気のすまない男性がいる。いっぽう彼の妻は「テーブルなんだから物を置いてもいいじゃない」と思っている。しかし彼女は意見を言うことさえ許されていない。それだけなら、がまんしてもいいだろうが、ふたりの生活には似たようなことが無数にあった。

自分では気づいていないようだったが、彼は自分のパートナーを自分の思いどおりにコントロールしようとしていた。彼の行為はいじめにほかならなかった。

別の友人の話をしよう。

彼女は不遇な子ども時代を過ごし、社会に出てからもたいへんな状況にあった。彼はそんな彼女を守りたいと感じ、彼女の人生が軌道に乗るよう協力した。

やがて彼女は自分も自立できると自信をもてるようになった。ところが、彼女を助けたい思いが強い彼のほうは、相変わらず、なにをすべきかアドバイスを続け、彼女がまちがっていると感じると、ひどく強硬に説得しようとした。

つまり、彼は彼女をコントロールしていたのだ。彼にしてみれば「すべては彼女のため」という気持ちだったのだろう。しかし、彼がしたことは、彼女が子ども時代に経験したことと、実は変わりがなかった。

さらに言うと、いま紹介したカップルは二組とも別れてしまった。どちらのケースも、コントロールが原因だった。

相手をコントロールしようとすれば、その相手とはよい関係を築けないのだ。相手に代わってものごとを判断する――その行為は相手の自信と自尊心を奪ってしまう。だから愛している相手に、ぜったいしてはいけないことなのだ。

自分の部屋の模様替えなら、自分の気に入るように、すみずみまで好きにしたらいい。しかし、相手が人間ならば話は別だ。

むずかしいときもあるだろうが、パートナーは自立していて、自分の行動に責任をもてると信じる必要がある。そして、いつもその尊敬の気持ちを示す必要があるのだ。

Rule 56

語られない言葉を聞く

ときに私たちは、思ったことを口にせず、それとなく相手に伝えようと、かけひきをする。あなたのパートナーもときどきそれをするはずだ。

最初あなたは、相手がかけひきをしていることすらわからない。しかし、なにか手がかりはある。かけひきの裏には「私の気持ちに気づいてほしい」という思いがあるからだ。あなたは手がかりを見つけ、それを解明しなければならない。

パートナーは人知れず、不安で、傷ついているのかもしれない。

パートナーの気がかりは、直接あなたと関係ない、仕事や実家の問題なのかもしれない。「ばかばかしい考えだ」と思われたくなくて、正直に話しにくいのかもしれない。

しかし、パートナーがつらい思いをしたり、悩んだりしているなら、その事実だけで、真剣に耳を傾ける充分な理由になる。一度、なにかがおかしいことに気づいてしまえば、たいていの場合、真相を知るのはむずかしくない。

あなたに必要なのは、そうした手がかりがないかとつねにアンテナを張り、パートナーがほんとうの気持ちを打ち明けられないことや、実は話し合いたいと思っている隠れた問題や心配事に気づいてあげることである。

そして、いったんパートナーが心を開いたら、注意深く、決めつけることなく、ただ話を聞くこと。そうすれば、次回はもっと安心してあなたに話ができるようになる。

自分が同じように感じるかどうかにかかわらず、相手の気持ちを真剣に受け止めること。そうすればパートナーは、自分が幸せかどうかをあなたが気にしてくれ、問題を解決しようとしていることを理解するだろう。

Rule 57

隠れた問題をつきとめる

ふたりいっしょに暮らしてみると、それまで想像もしなかったような、あまりにもくだらないことで言い争いになってしまうことがある。

ひとつ例を示そう。いっしょに暮らすカップルの多くが、皿洗いの順番でけんかをする。

この前の金曜日はどちらが洗ったか？
来客のせいで普段より洗い物が多かった週末は、どちらの当番だったか？
ふたりとも残業だった火曜日は、どちらが洗うべきだったか？

なぜ、こんなこまかいことで、何度も同じような言い争いになるのだろう。

その理由は、ふたりがほんとうの問題点について話し合っていないことにある。皿洗い当番の問題は、それだけなら小さな問題だ。今週どちらが多くお皿を洗ったか、そんなことで愛がぐらつくなんてばかげている。

ほんとうの問題は、ふたりのうちどちらかが〝自分は軽く見られている〟とか〝善意につけ込まれている〟と感じていることだ。

愛されているのなら、そんな扱いを受けるなんてありえない。だから、真相を確かめるために、イライラとした言い争いをしてしまうのだ。

同じような言い争いを、何度も繰り返してしまうのなら、**ほんとうの問題がなにかをつきとめないかぎり、その争いは終わらない。**

たとえば、片方のお金のむだづかいが言い争いの原因だとしよう。ほんとうに問題点は、その買い物がむだづかいかどうか、ということだろうか。

実は将来の生活に不安がある？

相手の自由に使えるお金が自分より多いことを不公平だと思っている？

どうして自分のために使ってくれないのか不満を感じている？

問題の本質はなんなのかを理解して、それについて話し合う必要があるのだ。

Rule 58

プライバシーを尊重する

パートナーが、あなたに秘密にしていることがある?

なるほど、パートナーが隠し事をするわけだ。でも、それはパートナーの権利だ。

あなたは、すべてを包み隠さず話していると断言できるだろうか?

自分だけで秘めていることはないだろうか?

もちろんあるはずだ。だれだって、話すのが不安なこと、情けないこと、落ち着かないこと、恥ずかしいことがあるものだ。それは相手だって同じである。

相手を愛し、人生をともにしたいと望んでいても、アイデンティティを放棄したり、秘密をもつ権利を投げ出す義務はない。

たとえば、ひとりで過ごすのが好きだとか、バスルームはひとりで使いたいとか、友人の打ち明け話は教えたくないとか、あなたに相談する前にひとりでじっくり考えたいとか、これはすべてパートナーの権利だ。そうするのに理由を説明する義務はない。

あなたも、相手を責めたり、プレッシャーをかけたり、探りを入れようとしてはいけない。こんなときは相手に干渉せず、プライバシーを与えよう。


こんなカップルがいた。

最近、女性が彼抜きで友だちと会ったり、隠れて電話をしている。男性のほうはそれが気に入らない。彼はどんどん怒りっぽくなり、女性はますますコソコソした。

彼の誕生日にふたりのイライラは頂点に達した。彼女がコソコソと一生懸命にやっていたのは、彼のために友人を招いての盛大なサプライズ誕生パーティだったのだ。準備に何日もかけて、ついにその日がやって来たときには、彼女はうんざりして「サプライズ・パーティなんてやめておけばよかった」――そう後悔するほどになっていた。

このカップルの場合、男性のこうした反応さえなければ関係はむしろ強まっただろう。

パートナーがひとりになりたい理由にはいろいろある。それは必ずしもふたりの関係をおびやかすものではないのだ。

Rule 59

親友よりパートナーを大事にする

ふたりの関係がうまくいっていれば、パートナーはあなたの親友でもある。ここでは議論のため「(二番目の)親友よりもパートナーを大切にする」と言い直すことにしよう。

親友がうっかりテーブルに飲み物をこぼしてしまったら、あなたは特に問題にせず、笑いとばすのではないだろうか。

では、パートナーが同じ失敗をしたら、同じように反応するだろうか。そうならいい。それこそ正しい選択であり、言うことはない。このルールがあるのは、残念ながら、あまりにたくさんの人が、パートナーからきちんとした扱いを受けていないせいである。

いつも女性の側がこうした態度をとっているカップルがいた。

男性は魅力的な人物だったが、彼女からはまるでゴミのように扱われていた。わたしが覚えているのは、ふたりが週末にわが家に来たときのことである。「わたしの荷物、まだ車から運んでないの？　ちょっと紅茶をとってよ。さあ、もう寝る時間――わたしは疲れてるんだから、早く寝てよ。そうじゃないと、あとでわたしがあなたに起こされちゃうじゃない」という調子だ。

彼女は、彼にたいしてだけマナーをしまい込んでしまったのだ。彼以外の人には、彼女はちゃんと礼儀正しく接していたのだから、思いやりのない人物ではなかった。しかし彼がその恩恵を受けることはなかった。ご想像のとおり、ふたりは離婚した。

このルールは、パートナーを尊重し、親切に接し、〝疑わしきは罰せず〟を実践し、相手の意見に賛成できないときも、反感でなく好意的な関心をもち、ミスやアクシデントも笑いとばす――というものである。

パートナーにたいして腹が立っている自分に気づいたら、「相手が親友なら、どうだろう？」と考えてみよう。その答えが「ただ笑いとばす」か「別になんとも思わない」だとしたら、パートナーにどう接するべきかわかるはずだ。

Rule 60

ひとりになりたい相手の気持ちを認める

人間は〝社会的動物〟だと言われる。その程度は人それぞれだ。この点でふたりがまったく同じ感覚であることはまずありえない。

パートナーは、定期的にひとりの空間が必要なタイプかもしれない。あるいは、心配事があったり、忙しかったりなどストレスがあるときだけ、ひとりになりたくなるタイプなのかもしれない。

毎晩三、四時間をコンピューターゲームに費やす知人がいる。彼のパートナーはいやがっているだろう……そう思ったら、意外にも「おかげで自分の時間ができて好きなことができるの」と彼女はよろこんでいた。

パートナーがゴルフやテニス、釣りなどに申し訳なさそうに出かけるとき、「実はすごくうれしい」と告白する人は多い。自分にとっても、それは特別な時間なのだ。

パートナーが鉄道模型のコレクターで、あなたはそうではない場合を考えてみよう。もちろん、あなたが彼の趣味に関心をもち、相手もいろいろと説明するのを楽しめるならそれはすばらしいと思う。

それでも、話題のよく通じる相手といっしょに、同じ趣味に没頭して楽しむ時間が欲しくなっても不思議ではない。相手がそうしたいのは、別にあなたに問題があるからではない。ただ、夢中になる時間が必要なのだ。

パートナーがひとりでなにかやっているあいだ、自分は自分で別のことを楽しむのは、実際そうむずかしくないものだ。問題があるとすれば「この人はわたしといっしょにいたくないのかな？」と心配することである。

要するに重要なポイントは「相手がひとりになりたいのは、自分とはなんの関係もない」としっかり理解することだ。パートナーがもし、ほかのだれかといっしょに暮らしていたとしても、パートナーの行動は変わらないのだから。

Rule 61

日常的に贈り物をする

花とチョコレート。このふたつは欧米では女性への愛情を表現する古典的なプレゼントだ。花やチョコレートそのものには特別な意味はない。でも重要なのは〝なにかプレゼントを用意するほど相手を思っている〟という事実だ。

愛情を表現するために、花束やチョコレートにこだわることはない。それに贈り物を渡すのは、誕生日や特別行事でなくてもいい。

ほんとうのところ特別な日でないときのプレゼントのほうが、よけいすばらしいのだ。その必要はないのに……という事実が、さらにその価値を増す。

お金はかけなくてもいい。パートナーのお気に入りの野の花を知っているなら、その年初めて咲いたとき、その花を摘むことにしたらいい。なんてすてきなプレゼントだろう。

パートナーの似顔絵を描いたり、アンバースデイ・ケーキ（誕生日じゃない日のケーキ）を焼いたり、枕元にメッセージ・カードをそっと置いておくのもいい。

いろんなものがプレゼントになる。「あなたのことを考えているよ」という気持ちを知らせることがポイントだからだ。愛しているという事実があれば、それだけでプレゼントをする充分な理由になるということだ。

最近パートナーに贈り物をしたのはいつだろう？　誕生日やクリスマス、バレンタインや結婚記念日は数に入れないこと。特別な日ではないのにプレゼントしたのは？

それが先週のことなら合格だ。相手が喜んでくれたことを祈る。先月なら、よくがんばっているが、もう少しひんぱんにできないだろうか。目標は週に一度だ。

プレゼントが習慣になってしまっては価値がない。変化をつけることが必要だ。最後にプレゼントしたのが一カ月以上前なら、今日すぐになにかプレゼントしよう。本を閉じて、いますぐプレゼントを探しに出かけよう。

三カ月以上前だって？　まずこのルールをきちんと実行に移すまで、次のルールを読んではだめだ。

Rule 62

財布は別々にする

このルールには、異論を唱える人が多いかもしれない。しかし〝どうすればふたりがうまくいくか〟を考えるなら、これはルールに加えざるを得ない。

多くのカップルがお金のことで言い争い、そのせいで別れてしまう。しかし、財布を別にしているふたりが、お金が原因で別れたケースを、わたしは見たことがない。

実際、ふたりのお金をいっしょにして共同で管理する必要など、まったくない。

もちろん、月々の公共料金や家賃の支払いなどのために、共同口座をもつケースはよくある。その場合でも、それぞれがいくら出すか、最初に合意しておかなければならない。

ふたりの収入に大きな差があったり、片方しか収入がない場合でもこのルールは有効だ。最善の方法は「共通コストにたいして収入に応じて比例負担」することである。

どちらかの収入が二倍あるなら、二対一で負担する。夫婦共稼ぎの場合なら、各種支払いは同額の負担にして、収入の多いほうが外食や休日のレジャー費用を払うという方法もある。詳しいルールはふたりで決めればいい。

収入があるのは片方だけで、もう片方が家の仕事をしている場合は、各種支払いをすませて残ったお金のうち、ある程度の額を収入のない相手に支払うべきである。わたしの考えとしては、残金の半額が適当だと思う。

これは、気前のいいプレゼントとか思いやりとかではない。パートナーシップに貢献したことにたいする正当な支払いである。片方がお金を稼ぎ、もう片方が家のことをする。本来それぞれが分担すべき役割を交換することで、分業が成立しているのだ。

それは共同収入であって、分配されるべきものだ。分配したものは、それぞれが別の口座に、自分の分を貯めていけばいい。

Rule 63

最終目標は充実感を得ること

恋に落ちたときの気持ちは、なにごとにも変えられないようなすばらしい感覚だ。どきどきと胸が高なり、仕事も食事も手につかなくなってしまう。

だから恋の魔力にとらわれて、恋愛中毒になってしまう人もいる。恋愛しているときしか、生きている実感が得られないような状態だ。

もちろん、ふたりのあいだでそんなどきどきする状態は長く続かない。最初のころの不安や心配はなくなり、気持ちは落ち着いていく。しだいにパートナーがいることに慣れ、相手からの電話にもドキドキしなくなる。

恋愛中毒の人は、その〝どきどきする気持ち〟を求めている。だから、パートナーとの関係が安定してくると、次の恋の相手を探す──そんなことを繰り返すことになる。

恋愛初期の〝夜も眠れないし、ほかになにも考えられない〟という段階が終わったあとに待っているのはなんなのだろう。

〝どきどきする気持ち〟がなくなってしまえば、それ以外なんにも残らないような関係もたしかにある。しかし、本書のルールを理解し、適切に考え行動できる人ならば、そんなことはない。そこには静かな充実感が残るのだ。


充実感というのはとても繊細な感覚だ。だから、ほとばしるように高まる激情よりも、ずっと価値があることに気づくのはむずかしい。

しかし、本書のルールを取り入れれば、恋のはじめの興奮がゆっくりと冷めていくにつれ、そこに〝もっと温かくて愛すべきなにか〟が生まれるのを感じられるはずだ。

それこそが目指すべき充実感を得られる関係だ。それは、どきどきする恋愛の上をいくものだ。

だれかといっしょにいることで充実感を得られる――それこそがほんとうに深く、最良の恋愛をしているということなのだ。

Rule 64

パートナーにお金を貸さない

相手の悩みや問題は、あなたの問題でもある。困っているパートナーを救い出せれば、それはあなたにとってもよいことだ。だから、時間も労力もおしまず、相手のことを優先して考え、行動しよう――そうした原則をこれまで語ってきた。

ただ、これがお金のことになると特別むずかしくなってしまう。時間、労力、思いやりは気前よく提供できるようになっても、財布のひもだけはなかなかゆるめられない。

あなたのほうが収入が多いのなら、もっと気前よくなろう。お金を使うときには、収入の多いほうがより多く払うべきだ。おごる回数も多くしよう。

以前は相手のほうが収入が多かったとしても、どれだけ払ってくれたかを計算しようなんて考えないこと。収入のうちいくらを相手のために使ったか、計算するのもだめだ。

貯金や投資がいけないということではないし、パートナーのギャンブルの費用まで払うべきだとは言わない。ただ相手より余裕があるなら、映画や外食、休日の費用はあなたが払おう。そして、欲しいけれど自分では買えないものがあるなら、相手に代わって買ってあげよう。余裕がなさそうなら週末の給料日まで乗り切れるよう、いくらか提供しよう。

この先ルール97では「お金を貸すなら、あげてしまう」というルールを紹介する。パートナーの場合も同様だ。

たとえ少額のお金でも、パートナーにはぜったいに貸してはいけない。相手にその必要があるのならあげてしまおう。パートナーには、そのお金以上の価値があるはずだ。

金額が大きい場合は、もしも返してもらえなかったらどうなるか、よく考えるべきだ。あきらめられるだろうか。それともふたりの関係はだめになってしまうだろうか。ダメージが大きくなりそうなら、返済の保証がないかぎり貸してはいけない。

ある程度大きな金額でも、相手が必要とするなら、あげてしまえるように準備しておくのが理想だ。

Rule 65

いまの人生は自分が選んだ人生だと自覚する

あなたは毎日、ふたりの関係を続けることを選択している。

あまりいい状態でないなら〝問題を解決しない〟という選択をしている。

すぐに解決できない問題があっても〝それでもいっしょにいる〟ことを選択している。

あなたは、パートナーの欠点や、自分自身の未熟さ、そうしたすべてを飲み込んだうえで、相手とかかわり続けるという道を選択しているのだ。


だから不平・不満は言ってはいけない──それがこのルールのポイントだ。

いまの関係に満足するのだ。それがいやなら、そこから去るか、変化させるしかない。

そのためには「いまいる場所は自分に責任がある」と自覚する必要があるのだ。

あなたに変化を起こすことのできる人間はあなたしかいない。変化を選択しないなら、それはあなた以外のだれのせいでもない。

わたしがいかにラッキーか、口ぐせのように言う友人がいる。「心から愛する女性と結婚できてラッキーだ」「子どもと過ごす時間がとれる仕事でラッキーだ」という調子だ。

わたしは、こう彼に説明したかった。

「それは運ではない。わたしは適切なパートナーを選択し、子どもとの時間をもてるようなキャリアを選択し、そのための努力をすることを選択した。その結果だ」

わたしはかんぺきな人生を送っているわけではない。ただ、彼は、わたしがうまくできたふたつだけを見ているのだ。彼自身が、そのふたつの点で苦労しているからだろう。

問題は〝わたしが幸せなのは幸運のおかげ〟〝自分がパートナーとうまくいかないのはパートナーのせい〟〝子どもと過ごす時間がないのは仕事のせい〟—彼がそう考えていることだ。

他人を責めたり、悲運のせいにするのはかんたんだ。しかし、そのままでは問題は消えてなくならない。いまの人生でがまんすることを自分で選択している—そう気づかないかぎり、なにも変わらないのだ。

人生は自分の選択しだいだと受け入れた瞬間、人はとてつもなく自由になる。あなたはいまに満足し楽しむか、新しい世界へ歩いていくか、どちらも選択することができるのだ。

Rule 66

犠牲者にならない

実はわたしも、気をつけていないと、いつのまにか自分が犠牲者の気分になってしまうほうだ。正義の怒りが血管の中でたぎる感覚は、なんともいい気分なのだ。

自分が犠牲者だと思っているだけなら、まだいい。その次にしたくなるのは、自分が犠牲になっていることを周りに知らせることだ。

ほんとうの犠牲者というのは、黙って苦しみに耐える人間のことだ。しかし、それではおもしろくない。だれかが共感してくれなければ、犠牲者なんてやっていられない。

だから、ほんのちょっとだけ「うー」とか「あー」とか言ってみる。そして、ちらっとだけ不満をこぼしてみる。いつのまにか、さりげなく〝自分はこんなに犠牲になっている〟と周りに知らせようとしている。

不当に扱われているとか、軽く見られているとか感じれば、だれだっておもしろくない。「わかったよ。僕が犠牲になればいいんだろ」なんていう言い方をすることもできる。

犠牲者になることは、ふきげんとワンセットだ。ふきげんの延長に犠牲者気分がやってくる――そうとも言える。

わたしも、犠牲者気分にならないように極力努力はしている。それでもなってしまったときは、ほんとうに申し訳なく思う。

犠牲者の気分になると、そこにある独特の空気が生まれ、けんかを引き起こしてしまう。立派な大人のとる態度とは、とても言えない。

犠牲者ぶってふきげんな空気をまき散らすよりも、大人として分別ある話しぶりで、気分を害している理由を説明するほうがずっといい。そうすれば、相手も同じように分別ある態度で反応できる。

問題を明らかにして、ふたりの目の前に出せば、ふたりで冷静に解決できるのだ。犠牲者ぶりをアピールするより、そのほうがずっとすっきりと納得できる方法だ。

Rule 67

毒舌を封印する

おたがいに好意をもってつきあい始めたはずなのに、いつの間にか相手を傷つけるための言葉をぶつけ合っている。そんな経験はだれでもあるはずだ。

「だって彼がひどい言い方をするんだもの」とあなたは言うかもしれない。自分は対抗しているだけだと。しかし、相手の言い分も同じだろう。あなたがやっているから自分もやっているんだと。

言いわけはいくらでもできる。自分を正当化したい気持ちも理解できる。しかし、どんな言いわけをしようとも、このままではふたりとも幸せにならないことは、あなたもわかっているはずだ。

この悪循環を断ち切るのは、あなたしかいない。

相手になにを言われても、ぜったいに言い返さないこと。どんなに気の利いた嫌味を思いついても、口に出してはいけない。自分はパートナーとの関係をどうしたいのか、その言葉を相手にぶつけると関係はどうなるのか、考えてみよう。

最初のうちはむずかしいだろう。しかし、やがて習慣になるはずだ。**相手を攻撃するための言葉を口にしないことが習慣になれば、そもそもそういう考え自体が浮かばなくなる。**しばらくすると、相手もあなたの変化に気づくはずだ。運がよければ、相手もあなたへの攻撃がばかばかしいことだと思いあたり、態度が変わるかもしれない。

ふたりが険悪になる理由がほかにあるなら、その問題を解決しよう。その際にもおたがいののしり合うような雰囲気でないほうがいいに決まっている。

自慢の毒舌で相手をやり込めることができれば、その瞬間はスッキリするかもしれない。しかし、長い目で見れば、ふたりの関係は悪化し、あなたの幸福度は確実に下がっていくだろう。

理想を言えば、攻撃的な言葉をやめるだけでなく、ポジティブな言葉に置き換えてもらいたい。相手をほめ、感謝する言葉だ。きっとすばらしい気分になるだろう。

Rule 68

生活習慣を相手に押しつけない

人はそれぞれ、性格も得意なことも苦手なこともちがう。

あなたは朝早く起きてコーヒーを飲むのが日課だが、パートナーは朝が苦手で可能な限り寝ているかもしれない。

あなたはいつもだれかと一緒に行動したいタイプだが、パートナーは一人で出かけたり遊んだりするのが好きなタイプかもしれない。

あなたは掃除を週末にまとめてすることにしているが、パートナーは毎朝掃除することにしているかもしれない。

こうした習慣のちがいについては、ふたりで同じルールを守る必要はない。

「あなたも早起きしてコーヒーを飲むべきよ。すばらしい一日の始まりになるわよ」などと相手に強制しないようにしよう。相手はそのルールを必要としていないかもしれないし、性格的に合わないかもしれない。

ただし、その習慣を守ることによって、ふたりの絆が深まるなら、話は別だ。

たとえば、「あなたが帰宅するはずの時間になっても帰らないと、何かあったのかと心配でたまらない」とパートナーが訴えた場合。彼らが心配するのももっともだ。「帰りがいつもより遅くなるなら、必ず電話する」とルールを決めるべきだろう。

大切なのは、おたがいが〝自分は愛されている〟〝大切にされている〟と実感できることだ。たとえ相手が遅くなっても電話は必要ないと思っても、一本電話をすることでパートナーが余計な心配をしなくて済むなら、電話をしない理由などないではないか？

自分の習慣を押しつけない。でも、相手が望むことなら、話しあってルールを決める。

それらのいくつかは、あなたの得意なことでないかもしれない。でも、ちょっとがまんしたり努力することで、パートナーが幸せになるなら、それで問題なしだ。

Rule 69

こだわりのないことは相手に譲る

ルール52で見たように、いったんパートナーに任せたら、そのやり方を批判してはいけない。このルールではさらに、相手のほうが自分よりもこだわりが強いことは相手のやり方に合わせることを提案する。

わたしの友人の話をしよう。

彼は、食器洗い機にとにかく食器を詰め込めるだけ詰め込む。彼はそのやり方がベストだと強く信じている。

彼のパートナーは、この話題にはあえて触れないようにしているという。「そんなに詰め込むときれいにならないわよ」と言うと、彼は自分が批判されているように感じて、口論になるからだ。

なにごとも、こだわりや思い入れが強いほうのやり方に合わせたほうがうまくいく。ふたりともこのルールを守れるのが理想だが、あなたが守るだけでも、家庭はうまく回り始めるだろう。

パートナーもそうするべきだと思うかもしれない。たとえば洗濯物のたたみ方については自分のほうがこだわりがあるから、相手もそうするべきだ、と思うかもしれない。しかし、その考え方は、このルールの精神とは正反対だ。それは相手に指図し、コントロールすることになり、対等なふたりの関係にはふさわしくない。

あなたが相手のやり方に合わせるのは、相手を思いやるきもちからだ。自分もそうしてほしいからやるのではない。一種の愛情表現なのだ。

先ほどの食器の入れ方にこだわりのあるパートナーに話を戻そう。

彼女は、彼のためにがまんをしているのだろうか？　答えは「ノー」だ。

彼女は彼を愛している。彼のために譲ってあげたことに満足している。たとえ、あとでいくつかの食器を洗い直すことになったとしても、パートナーがきげんよく過ごすことのほうが彼女にとっては大切なことなのだ。

ちなみに彼は、自分が譲ってもらっていることにまったく気づいていない。

Rule 70

相手の視点でものごとを見る

「相手のことはよくわかってる」—あなたは多分、そう思っている。

長い時間いっしょに過ごし、たくさん話し合っているのだから、たしかに、だれよりもパートナーのことを知っているのだろう。だからといって、パートナーのことをかんぺきにわかっていると思ったら、それは大まちがいだ。

自分自身、パートナーに話していないことを思い浮かべてみてほしい。どれだけ長くいっしょにいても、あなたについてパートナーが知らないことが、たくさんあるはずだ。

次の休暇にイタリア旅行を企画したら、大喜びすると思ったのに、どうして気乗りしない様子なんだろう？

パーティは大好きなはずなのに、なんであんなにふてくされているんだろう？

勝手に思い込んで、それが外れると勝手にがっかりしてしまう。だれよりよく知っているパートナーのことであっても、勝手には決めつけられない。つまり、あなたの基準で相手を判断することはできないのだ。

あなたにはたいしたことだと思えないのにパートナーがストレスを受けているときなど、つねに相手の身になって考える必要がある。相手について知っていることすべてを総動員すれば、どうしてそんな見方や気持ちが生まれたのか、理解できるはずだ。

パートナーは、適当に気分を変えて楽しんでいるわけではない。ストレスや不安を感じたくはないし、あなたとけんかなどしたくもないはずだ。

あなたから見て、不合理に感じる行動にも、なにか理由があるにちがいないのだ。なぜこうなったのか、原因となった相手の性格や周りの状況をじっくり考える必要がある。

いったん、相手の視点でものごとを見られるようになれば、突然すべてがはっきりと姿を現して、ふたりの関係はずっとよくなる。あなたの怒りや欲求不満は、共感と理解へと変化する。どんな問題を解決するにあたっても、このほうがずっとよい方法なのだ。

Rule 71

パートナーの家族とはなんとかうまくやっていく

特別な努力なしにパートナーの家族とうまくやっていける人は少ない。この点で、わたしはラッキーだ。義理の家族はわたしの親しい友人でもある。これはめったにないことだ。義理の家族がストレスの原因になることのほうが普通だ。

パートナーの家族は選べない。こればかりはどうしようもないことなのだ。おすすめできることではないが、自分の身内なら、場合によってはつきあいを断つこともできる。しかし義理の家族に関しては、それが非常にむずかしい。義理の家族と顔を合わすのが耐えられなくても、引き返すという選択肢はない。

パートナーの人生の大切な部分から手を引くのは、パートナーにたいしてフェアでない。

相手の家族に会うのがストレスでも、なんとかやりすごす方法を考え出そう。

あなたとパートナーとで、義理の家族の〝笑えるひとこと〟をコレクションして、どちらがチャンピオンを見つけるか競争するのはどうだろう？

義理の妹の最高に意地悪なひとことをキャッチできるのはどっちだろう？　義理の弟の鼻持ちならない暴言は？　義理の父親の、知ったかぶりコメントは？

もうひとつ忘れてはいけないのは、パートナーにも、義理の家族があるということだ。つまり、パートナーだってあなたの身内は苦手に思っているはずだ。

パートナーを敵に回して、自分の身内とタッグを組むなんて論外だ。どんなことがあってもパートナーの味方をしよう。もし自分の身内のほうが正しいとひそかに感じたら、あとでふたりだけで話し合えばいい。

重要なのは、どちらが正しいかに関係なく、あなたの身内からのプレッシャーからパートナーを守ることである。

義理の家族は、多くのカップルにとってやっかいな問題だ。これをうまく切り抜けられるのは〝義理の家族の問題は避けて通れない〟とふたりともがよく認識しているカップルだ。よく理解したうえで、できるかぎりの誠実さをもってあたるしかない。

Rule 72

いつも話し合う

あなたは、パートナーの頭の中で、なにが起こっているかを知る必要がある。さもないと、相手がなにに悩み、なにを考えているのかなど、知ることなどできない。

結局のところ、相手の考えや気持ちを知るには、話し合う以外に方法はない。人間関係を専門とするカウンセラーも「コミュニケーションがなければ、どうしようもない」と口をそろえる。

だから、なにか問題を感じたら、その程度にかかわらず、まずは話すこと。けんか腰になったり、ふきげんな気持ちを表に出さないように、ただあなたがどう考え、感じているかだけを伝えよう。

話し合う必要があるのは、重大な問題についてだけではない。

パートナーが今日なにをして、それについてどう考えているか。

会議やパーティなど、明日の予定についてどう感じているか。
ニュースや新聞の論評について、賛成か反対か。

こういった日常のできごとについて、あなたはパートナーの考えを知る必要がある。お**たがいの現状を知り、つねに近い存在でいるため、日々のコミュニケーションを大切にする必要があるのだ。**

毎日パートナーに話しかけ、相手の話に耳を傾けるのに多くの時間を費やそう。そうしたひとときはほんとうに価値ある時間になるはずだ。

そして、あなたもパートナーに日々話をして、あなたがどんな人間か伝えよう。あなたという人間を理解してもらい、あなたを喜ばすことのできるコツを理解してもらおう。

話すときには、できるかぎり相手を楽しませたり、ためになる情報を提供したり、元気づけることを目指すべきだ。パートナーにとって最高の話し相手があなたであるように。

第3章

家族のための16のルール

どんなに大好きな家族であっても、
ときにはおたがいの存在ががまんならないこともある。

近すぎる存在だからかもしれない。
たとえ関係がうまくいかなくても、
「家族をやめる」ことができないからかもしれない。
家族だからこそ、むずかしいことは山ほどある。

ここでは、親、子ども、きょうだいなどの
家族を上手に愛するためのルールを集めた。
家族仲がいい人はもちろん、
家族関係が悩みのタネだという人も、
読めばきっと心が楽になるはずだ。

Rule 73

親のせいにしない

小さな子どもは、親を全面的に信頼している。親が世界のすべてであり、かんぺきだと信じているのだ。大きくなるにつれて、親の判断や接し方に疑問を抱くようになり、ついには親も自分と同じ不完全な人間であると確信するようになる。

わたしもそうだった。育児をしない父親にがっかりし、やがて母親も同じくらい欠点のある親だということに気づいた。

母親は悪い人ではないが、〝親〟という役割に向いていない人だった。そんな人が六人の子どものシングルマザーになるというのは、実に大変なことだっただろう。

わたしだって、いきなりサッカーチームの監督や、問題児ばかりを三十人も集めたクラスの担任をやらされたりしたら、彼女の母親業と同じくらいひどい仕事をする自信がある。だれにでも向き不向きはある。それは当然だ。しかし、彼女は自分が母親業に向いていないということに気づくのが遅すぎた。

つまり、わたしの子ども時代は最悪だった。なんとか生き延びたわたしが選ぶ道は二つ。ひとつは、すべてを親のせいにする生き方。もうひとつは、すべてを忘れて自分の人生を歩む生き方。

わたしは母親を許した。残りの人生をだいなしにしたくなかったからだ。あなたの親がほんとうにひどい親で、人生の最初の二十年を奪われたとしよう。それでも、あなたにできることは、残りの数十年がよいものになるよう努力することだけだ。

親も人間だ。だれも正しい親になるための訓練を受けていないのだから、どんなに一生懸命やっても、失敗するときは失敗する。そもそも、二十年もの間、一度も失敗しないことを求めるなんて、あまりにも非現実的ではないか。

いまさら親を責めてもどうしようもない。いまからできるのは、親を許すことだけだ。彼らだって、わざとあなたを傷つけようとしたり、怒らせようとしたわけではない。少なくともそのときは、あなたのためを思ってやったことなのだ。

過去を受け入れ、親のせいにしない。それが残りの人生を幸せにする最善の道だ。

Rule 74

親に自分の人生に口出しさせない

子どもは親のきもちを気にするようにプログラムされている。小さな頃はもちろん、十代の反抗期にあっても、心の中では親の愛と承認を求めているものだ。

このプログラムは、大人になってからもかんたんには解除されない。

知人の男性は、大好きなパートナーにプロポーズするかを悩み続けていた。彼の母親が、彼女を気に入らなかったからだ。「そんなことで?」と思うかもしれないが、彼にとっては母親の気持ちが最優先、そうプログラムされていたからだ。

子どもの意見を尊重する良識ある家庭で育ったとしても、親がいい顔をしないこと、困らせることはしたくない、できれば親が喜ぶようにしたいと思ってしまうものだ。

親のきもちを優先するプログラムから解放されるには、どうしたらいいだろう?　まずは、物理的な距離をとる。怒って口をきかないといった子どもっぽい方法ではなく、ただ接触を減らす。さらにその間、「わたしはだいじょうぶ」「親の意見は気にしない」と言い聞かせよう。信じられないかもしれないが、少しずつ気にならなくなり、いつの間にか親の気持ちと距離を取れている自分に気づくはずだ。

さらに厄介なのが、〝親はぜったいに正しい〟という刷り込みだ。頭ではそんなことはないとわかっている。でも、迷ったときや大きな決断をするとき、親の意見が聞きたくてたまらなくなるのだ。

親の意見が参考になることもあるだろう。でも、**あなたの人生についてネガティブな口出しをしてくるときは、けっしてあてにしてはいけない。**「彼女はあなたにはふさわしくない」「失敗したらどうするの？」などの言葉で、成人した子どもをコントロールする親にこそ問題があることを知っておかなければならない。

もしあなたが成人した子どもをもつ親なら、けっして子どもの人生に口を出さないこと。「あなたならだいじょうぶ」という親からのひとことで、子どもは自由に羽ばたくことができる。それは、子どもが五歳でも四五歳でも同じことだ。

Rule 75

自分より子どもを優先する

最近、子育てにおいて、子どもより親の幸せを優先するという考え方がもてはやされているそうだ。〝自分時間〟などという言葉まであるらしい。わたしはこれには大反対だ。

子どもをもつと決めたなら、子どもを第一に考えるべきだ。いちばん下の子が一八歳になるまでは、とにかく子ども優先。この原則に例外はない。それまでは、親の趣味も、キャリアも、自由な時間も、ぜんぶ二の次だ。

たしかに子どもの世話はたいへんだ。しかし、親になるとはそういうことだ。**たとえどんなに疲れていても、〝親〟という仕事から逃げることはできない。**

親だってときには息抜きがほしいだろう。子どもの下僕になれとは言っていない。必要なのは、自分は親の人生にとっていちばん大切な存在だということを、子どもが心から感じられることなのだ。

どんなに輝かしいキャリアでも、子どもと過ごす時間がほとんどないような働き方では、親としての役割を果たしているとは言えない。

親になってもキャリアを積みたい。それはもちろんかまわない。しかし、両親のうちの少なくともひとりは、子どもの都合に合わせて働ける仕事にするべきだ。

親が自分本位の生き方をしていると、子どもも真似をするようになる。他人を思いやらず、自分のやりたいことをやるのが大事という価値観だ。しかし、そんな子どもが大人になって、幸せな人生を送れるだろうか。

そもそも、子どもをいちばんに考えている親は、〝自分時間〟をほしいとも思っていない。彼らにとって、もっとも愛おしく大切な時間は、子どもといっしょにいる時間だからだ。

そして、そうやって子どもを最優先にしている親は、いちばん幸せな親なのだ。

Rule 76

家族の縁を切ってはいけない

わたしの母親と祖母は、祖母が亡くなる最後の一五年間、まったく口をきかなかった。さほど珍しい話ではない。なんの問題もない家族のほうが少ないくらいだろう。

残念なことに、家族仲の悪さは世代を超えて受け継がれる。子どもは親や親戚を見て、家族のあり方を学ぶ。家族どうし、親戚どうしがいがみ合っているような家庭で育つと、それが普通だと思うようになる。

つまり、いまあなたが自分の親とまったく口をきいていないなら、いずれあなたの子どももあなたに対して同じような態度をとるようになる、ということだ。

人生でほんとうに困ったとき、いちばん頼りになるのは、家族だ。その絆は最強だ。大けがをした、リストラされた、大切な人を亡くした、お金に困っている――そんなとき、そばにいてだれよりも辛抱強く支えてくれるのは、家族をおいてほかにいない。あなたが人生の選択をあやまったとしても、立ち直るまでに何年もかかったとしても、家族はあなたを見捨てることはない。ずっと味方だ。

なにがあっても助け合うのが、家族の仕組みだ。**家族に支えてほしいなら、あなたも家族を支えなければならない。**

ときどきは、もう口もききたくないと思うことがあるだろう。でも、そこはがまんだ。なぜなら、家族ほど価値のあるものはないからだ。過去になにがあろうとも、すべてを忘れ、許す価値がある。

腹がたっても、ちょっとしたことなら受け流そう。妹がとんでもないことをしでかしても、おじさんがデリカシーに欠けた発言をしても、衝動的に家族の縁を切ってはいけない。腹の虫がおさまらないうちは、口をきかなくてもいい。しかし、完全に縁を切ると、家族の愛と力強いサポートを失ってしまう。

けんかもするが、ほんとうに困ったときに助け合うのが、家族というものだ。

Rule 77

怒鳴らない

愛する人に向かって、怒鳴らない。

このルールはぜったいに正しい。わたしもかんぺきな人間ではないので、ついつい怒鳴ってしまうことがある。でも、守るための努力をする価値のあるルールだ。

怒鳴ることのデメリットは山ほどある。

- **問題解決の役に立たない**
- **感情をコントロールできない人という印象を与える**
- **相手に恨まれる**
- **相手はあなたに愛されていないと感じる**

愛する家族の顔を思い浮かべてみよう。

パートナーのやさしい笑顔。電話の向こうの母親の慈愛に満ちた表情。ごきげんな子どもたち――。あなたに笑顔と希望、夢を与えてくれる存在だ。あなたは彼らを愛し、彼らもあなたを愛している。

リラックスして幸せを感じているとき、そんな愛おしい人々に向かって、大声で攻撃するなんてありえないと思うだろう。家族と意見が合わないときも、愛情を忘れず、しっかり向き合って話し合いで解決しようと思うはずだ。

むずかしいと感じる人もいるかもしれない。すぐには実践できないかもしれない。特にあなたが、「パートナーのため、子どものためには、ときには怒鳴ることも必要だ」と思っている場合には。

でも、あきらめてはいけない。**「怒鳴らない」とつねに意識しているだけで、結果は変わってくるはずだ。**そのうち、自分が思わず怒鳴ってしまう瞬間が意識できるようになる。そうすると、それを避けることもできるようになる。

怒鳴りそうになったら、「これは自分のしたいことではない」と自分に言い聞かせよう。あなたの怒鳴る回数が減れば、家族の怒鳴る回数も減る。つまり、あなたが怒鳴られる回数も減る。いいことずくめではないか。

Rule 78

負の連鎖を断ち切る

友人からの裏切りや心ない言葉に傷つけられると、思わず反撃したくなるのは、動物としての本能だ。でも、わたしたちは野生動物ではない。社会的な存在であり、立派な大人だ。ぐっとこらえて正しい振る舞いをしようと努力しなければならない。

ところがその相手が友人ではなく家族だった場合、感情をおさえるのが格段にむずかしくなる。それまでのさまざまな不平不満・恨みつらみの積み重ねがあるからだ。

たとえば、親が自分との約束をドタキャンしたとたん、それまでのうらみが一気に噴き出してくる。卒業式にも来てくれなかった、約束したおもちゃを買ってくれなかった、あなたのパートナーに失礼な態度をとった……。

ここで仕返ししたい気持ちを抑えるのは、至難の業だ。親にも同じ目にあわせてやりたい、がっかりさせてやりたい、ひどい言葉を投げつけてやりたいと思うかもしれない。しかし、それではなんの役にも立たないことも、あなたならわかっているはずだ。負の連鎖が続き、エスカレートするばかりだ。

ここであなたが取るべき行動は、ひとつしかない。それは、泥仕合から一歩身を引き、相手を家族ではなく友人だと思って接してみることだ。

つまり、相手の行動を尊重し、理解を示す。そして、自分の意見や価値観とちがったとしても、「仕方がない」と許すのだ。

過去のいさかいやトラウマを思い出すと、なかなかかんたんなことではないだろう。しかし、負の連鎖を断ち切り、いがみ合ってばかりの家族を変えるには、この方法しかない。あなたが正しい手本となり、傷つけ合わない家族をつくっていくしかないのだ。

どんなにやっかいな家族でも、あなたにとっての唯一の家族だ。友だちなら、気が合わなければほかを探すことができる。でも、家族に代わりはないのだ。

Rule 79

「だから言ったでしょう」はいかなる場面でも厳禁

このルールが当てはまるのは、実はもっと広い範囲の人間関係だ。家族だけでなく、恋人や友人、ちょっとした顔見知り程度の人にも、けっして言ってはいけないセリフなのだ。

しかし、わたしの経験からいうと、このセリフがいちばんよく聞かれるのは、きょうだいや親子など、家族間のコミュニケーションだ。

はっきり言おう。「だから言ったでしょう」というセリフを口にした瞬間、あなたはわたしたちが目指す〝高潔で分別のある大人〟という目標から脱落している。

このセリフが使われるシチュエーションでは、相手はすでになにかに失敗して落ち込んでいる。そこに追い討ちをかけるように、傷口に塩を塗ろうとしているのだから、これほど残酷な仕打ちはないだろう。

「だから言ったでしょう」という言葉の目的は、相手に「忠告を聞いておけばよかった」と思わせることだ。自分の正しさを認めさせたい、相手に罪悪感を抱かせたいという、自分の欲望ばかりを優先し、相手への思いやりがまったく感じられない最低のセリフだ。

高潔で分別のある大人になろうとしている人は、ぜったいに口にしてはならない言葉だ。いかなる場面でも、いかなる相手でも。

このルールの説明は、これで終わりだ。譲歩も補足もない絶対的なルールだからだ。

Rule 80

家族にも礼儀を忘れない

家族ともめる原因のひとつは、友人や恋人など、ほかの人間関係では考えられないようなひどい態度をとったり、無神経な言動をすることだ。

たとえば、大人になった子どもへの言葉。子育てに口を出して、「そんなにテレビを見せちゃだめでしょう」「ごはんは手づくりしなさい」と言ったりする。子どもがまだいなければ、「早く子どもをつくりなさい」と言ったりすることもあるだろう。

相手が友人や知人ならぜったいに言わないようなことを、自分の子どもには平気で言ってしまう。ほんとうは、身近で大切な相手だからこそ、彼らの選択や生き方を尊重するべきなのに。きょうだい、おじやおば、祖父母、パートナーの義理の家族にたいしても同じだ。

家族だからこそ、つい甘えてしまう。少しくらいのわがままや暴言も許されるだろうと思ってしまう。気持ちはわかるが、それが続くと家族関係にわだかまりができる。

わたしの友人も最近、この問題に直面した。

彼女の妹家族が泊まりにくることになっていたのだが、一家だけでなく、彼らの子どもの友人もいっしょに連れてきたいと言ってきたのだ。友人の家はそれほど広くないのに、子どもが四人もきたらたいへんだ。事情を説明して断ると、妹はとたんにふきげんになった。もし相手が姉ではなく友人だったら、こんなことを頼む前に、迷惑ではないかとためらうだろう。そして断られたら、素直に受け入れるはずだ。

なぜ、わたしたちは家族相手だと、こんなにわがままで無遠慮になってしまうのだろう？　それはおそらく、家族というかんたんには切れない関係だから、気をつかう必要はないと思っているからだろう。家族ならなにをしても許されると考えているのかもしれない。

理由はなんであれ、**家族という関係に甘えてはいけない。**おたがいにたいする礼儀を忘れてはいけないのだ。

Rule 81

「忙しい」は言いわけにならない

「今日は疲れたから、電話は明日でいいだろう。急ぎの用でもないし」

こうして、親やきょうだいなど家族への連絡を先延ばしにするのは、よくあることだ。そうしているうちに、いつの間にか十回以上の「明日」が過ぎ去ってしまう。

これはよくない。家族と強い絆でつながるためには、そのための努力が必要だ。恋人との関係を保つために努力するのと同じことだ。

そして、「努力する」とは、家族のために時間を使うことを意味する。たとえどんなに遠くに住んでいても、会いにいく。定期的に電話をする。

忙しいのはわかる。家族だってそうかもしれない。むしろ家族のほうがまったく連絡してこないタイプの場合もあるだろう。だったら、よりいっそうあなたがしっかりしなければばならない。

三カ月も連絡をしないなんて、家族と呼べるだろうか？

まったく連絡してこない妹のことを許してあげよう。忘れっぽい父親のことも許してあげよう。あなたが自分から電話をすればいいし、自分から訪ねていけばいい。相手は喜び、あなたも嬉しくなる。

大切なのは、家族との時間をとることだ。どんなに忙しくても、思いついたら、すぐそのときに連絡しよう。


ときには、家族のために自分を犠牲にしなければならないこともある。ほかのことに使うつもりだった時間を、家族のために使わなければならないかもしれない。

家族が深刻な問題を抱えているときはもちろん、ちょっとした愚痴の電話に一時間つきあわなければならないときもあるだろう。

しかし、それが家族というものだ。そして、あなたが困ったときには、家族も同じようにあなたを助けてくれる。それが家族なのだ。

Rule 82

新しい絆をつくる努力をする

親や年の近いきょうだいといった身近で強い絆で結ばれた家族がいるいっぽう、あまり交流がなく親しい関係でない家族や親戚もいる。

たとえば、わたしの同僚の女性は一五歳離れた弟がいた。あまりにも年が離れているために、いっしょに過ごした時間が少なく、大人になっても本来のきょうだいのような関係にはなれないのだという。彼女はそのことをとても悲しんでいた。

わたし自身も大家族で育ち、ほとんど交流のない家族がいるので、彼女の気持ちはとてもよくわかる。

大切な家族にはちがいないのに、絆を築けないのは残念なことだ。幼いころからいっしょに過ごしていれば自然に仲良くなるが、年の離れたきょうだいや遠くに住んでいるおいやめいにたいしては、どうしたらいいのだろう。

絆が生まれるには、時間が必要だ。関係を築きたい家族のそばで過ごす時間をできるだけたくさんつくろう。

姉が近所に住んでいるなら、姉の子どもともすぐに仲良くなれるだろう。もし遠くに住んでいても、ほんとうに彼らとの関係を築きたいと思うなら、わざわざ会いにいく時間をつくらなければならない。それもひんぱんに。

すべての家族と強い絆をつくる必要はない。しかし、家族という特別なつながりを広げるために、努力する価値はある。姉の子どもと仲良くなれば、あなたと姉の絆もさらに深まるだろう。家族との関係が重層化すればするほど、あなたを包む愛は増えていくのだ。

わたし自身も、ほとんど交流がなかったが大人になってから仲良くなった親戚がふたりいる。彼らは一世代歳上だが、わたしという新しい家族との時間を惜しむことはなかった。家族の絆を深めるのに遅すぎることはないのだ。

Rule 83

反抗期を歓迎する

損得だけで考えれば、子どもが家を出る理由は特にない。食べるものも寝る場所も、生活費も親が用意してくれるのだから。強いていえば、親の監視から離れ、自由とプライバシーを手に入れるためといえるだろうか。

慣れ親しんだわが家を離れ、借金と責任を自分だけで背負う世界に飛び出すのは恐ろしいことだが、世の中には昔から、そのプロセスをスムーズにしてくれるシステムが存在する。それは「反抗期」だ。

反抗期に親のやることなすことすべてに刃向かうのは、家を離れて独り立ちするきっかけが必要だからだ。

しかし、あなたがあまりにも「物わかりのいい親」だった場合、子どもはどうやって反抗すればいいのかわからなくなってしまう。耳にピアスを開けても、舌にピアスを開けても怒らない。次はどうすればいいだろう。どうやったら親に反抗できる？

そんなときは、理解ある親をやめて、ある程度まで子どもとやりあう必要がある。親を怒らせるまで子どもはあきらめない。怒らせることこそが目的だからだ。

もし反抗期がなかったらどうなるか考えてみよう。親に反抗したことがない子どもは、ほんとうの意味で親離れすることができない。そのほうが、子どもはよっぽど苦労するだろう。親だって、いつまでも自立しない子どもを抱えて途方にくれるだろう。

親が子どもの反抗期を促すことはできない。しかし、ときには子どもの前に立ちふさがって、反抗しやすくしてあげることならできるはずだ。

反抗のしかたも人によってちがう。わかりやすく激しい反抗もあれば、表面上はほとんどわからないような静かな反抗もある。いずれにしろ、子どもの反抗が見えたら、ひそかに祝福し、裏では支えてあげればいいのだ。

家族のありのままを受け入れる

Rule 84

家族だからといって、同じ人間ではない。これは当然のことだ。いくらか見た目や性格が親やきょうだいに似ていても、別々の人間なのだ。

ところが、なぜか家族なら同じ出来事にたいして同じように反応すると思い込んでいるのだから不思議だ。「このプレゼントなら喜んでくれるはず」と思い込み、相手の反応が期待どおりでないと勝手にがっかりしてしまう。

家族だからといって、自分と同じように感じると思い込んではいけない。

自分は気にならないのだから家族も気にするべきではないという考えもまちがいだ。そういう思い込みは、いらぬ争いのタネになる。ある意味、家族の関係は友人関係よりもやっかいなのだ。相手が友人であれば、自分と同じであることを期待しない。相手が家族でも、同じように考えれば、かなりの面倒を回避できるはずだ。

赤ちゃんが生まれた、だれかが亡くなった、問題が起こった、うれしい出来事があったという場合には、たとえ相手が家族であっても、どうやって祝いたいか、どうやって対処したいかを質問するようにしよう。くれぐれも、自分と同じことを望むと思わないこと。「○○家はみんなそうなんだよ」という態度も厳禁だ。

四十歳をすぎたら誕生日を祝う必要はないとあなたは思うかもしれないが、子どもやきょうだいはちがうかもしれない。それなら、カードを送ったり、電話をしたりして、少なくとも誕生日を覚えていることだけは知らせておこう。

話は脱線するが、子ども同士を比べるのも絶対にやってはいけない。「あなたもお姉ちゃんみたいにもう少し素直だといいのにねぇ」なんて、なにがあっても言ってはいけない。

家族の性格は変えられない。自分自身の性格だって変えられないのだから。

とにかく彼らは自分とはちがうということを肝に銘じて、ありのままの彼らを受け入れよう。欠点もすべて受け入れよう。そして、彼らもありのままのあなたを受け入れてくれますように。

Rule 85

家族にかんぺきを求めない

わたしたちは家族、とりわけ親やきょうだいの言動について、厳しく評価し、その欠点について受け入れがたく感じるようだ。

友人であれば、無愛想な人、人の話を聞かない人、約束を守らない人がいても、そういうものだと受け入れることが多い。しかし相手が親やきょうだいとなると、なぜか完全無欠の行いを望んでしまうのだ。

その理由は、こんなことかもしれない。友だちは選ぶことができるが、家族は選べない。わたしたちは欠点のある友だちを選び、その欠点を許すことを選んでいる。しかし、家族は自分で選んだわけではないので、欠点をなかなか許すことができないのだ。

さらに、兄弟姉妹の欠点が気に触るのは、同じ家庭で育ったという理由もあるだろう。

ある女性は、妹が泊まりにくるとき、料理も皿洗いもまったくしないとイライラしている。なぜなら、彼女自身がほかの人の家に泊まりにいくときは、必ず手伝うからだ。

親から同じ教育を受けたはずなのに、自分ができることをなぜ妹はできないのか理解できないというわけだ。


しかし実際のところ、きょうだい全員が同じように親の教えを身につけるわけではない。すべての子どもに同じことを言っても、わかる子もいればわからない子もいる。なぜなら、子どもたちはちがう人間だからだ。

親は、それでもすべての子どもを心から愛し、親の言うとおりにできなくても許している。人によって得意なことと不得意なことがあるとわかっているからだ。


わたしたちは大人になると、親やきょうだいの欠点に対してさらに受け入れがたく感じる。しかし、その考えは改めるべきだ。

家族の欠点は、たしかに友だちの欠点よりイライラする。しかし、その原因は、家族にかんぺきを求めてしまう自分にある。欠点のない人間などいない。もちろん、あなたの家族もそうだ。それだけは覚えておこう。

Rule 86

きょうだいの悩みがない人はいない

どんなにすばらしい人格者でも、なぜかきょうだいのことでは問題を抱えている。そんな例に、これまで数えきれないほど出会ってきた。だれにでも優しく、心が広く、人の悪口なんて一切言わないような人でも、きょうだいに対してそうするのは難しいようだ。

それは、子ども時代の記憶が関係しているのかもしれない。

- **お姉ちゃんのほうがかわいがられていた**（ように感じていた）
- **お兄ちゃんに意地悪された**
- **弟はどんなに頼んでもおもちゃを譲ってくれなかった**

そんな昔のことはもう忘れた。なにがあったにしても、もうすべてを許している。しかし、母親が姉にだけ連絡をとっていたり、車がこわれたときに弟がスペアの車を貸してくれなかったりすると、自分でも驚くほどの怒りがわき上がってきたりする。

残念ながら、この問題への解決策は特にない。わだかまりを忘れようと努力することならできるが、完全に忘れるのは不可能だ。

つまり、**きょうだいのわだかまりはなくならない、ということを受け入れるしかない。**子どものころに理不尽な思いをした記憶は、あなたの中に永遠に残り続けるだろう。あなたにできるのは、できるだけ冷静にそのことを受けとめ、感情的にならないように気をつけることだけだ。

きょうだいとの関係がモヤモヤするのは、〝相手と同じようになりたい〟という気持ちが原因だったりするものだ。それは、心の奥底で彼らを尊敬しているからだ。自分では認めたくないだろうが、ほんとうのことだ。だから、昔のうらみではなく、きょうだいの尊敬しているところ、見習いたいところだけを思い出すようにしよう。

そして、きょうだいもあなたに対してわだかまりがあることを忘れてはいけない。きっとあなたが夢にも思っていないことで、きょうだいからうらやましがられているはずだ。

Rule 87

昔の役割を演じるのをやめる

わたしには仲のいい兄がいる。あるとき、とても丁寧にこう申し入れた。「もういい大人だから、いつまでも兄貴風を吹かせるのはやめて、対等につきあおう」。兄もわかってくれて、努力すると約束してくれた。

ところが数週間後、彼からわたしにクレームが入った。自分がどんなに兄貴面をしないように気をつけても、わたしが〝弟〟としての行動をやめないかぎり、兄としての態度を捨てることはできないというのだ。わたしは自分のそういう態度にまったく気づいていなかったが、たしかに兄の言うとおりだった。

家庭内の役割は、きょうだいとの関係によって決まる。兄はいばっている、弟は甘え上手、姉はのんびり屋、妹はしっかり者という具合だ。そして、家を離れて別の集団に入ると、その役割は変わる。それほど威張らないかもしれないし、自分よりもっとしっかり者の子がいるかもしれない。

ところが、家族といっしょにいるときは、昔の役割を求められる。弟は、たとえ成人していてもなにもできない甘えん坊の役割を期待されているのだ。

もちろん、それを双方が楽しんでいるなら問題はない。ただし、家族に自分の成長や変化をわかってほしいなら、あなた自身も昔の役割を演じるのをやめなければならない。

同時に、あなたのほうもきょうだいや家族が変わったことを認めるべきだろう。いつまでも子ども時代と同じ扱いをしていてはいけない。

人間関係は、相互作用で成り立っている。兄に威張るのをやめてほしいなら、あなたも頼りない弟を演じるのをやめなければならない。いつまでも妹の世話を焼きたくないなら、しっかり者の姉を演じるのをやめること。

彼らがあなたの変化に気づいて行動を変えるまでには時間がかかるかもしれない。数カ月、数年かかるかもしれない。しかし遅かれ早かれ、彼らは大昔のあなたではなく、いまのあなたの行動を見てくれるようになるはずだ。

Rule 88

愛の遺産を残す

もしあなたが死んだら、家族になにを残すだろう？

家族は、あなたからなにを受け取るだろう？

わたしが言っているのは、お金のことではない。思い出や、感情のことだ。湿っぽい話にはしたくないが、このことについてはいますぐ考えてもらいたい。なぜなら、あなたが死んでも、あなたから家族への愛は死なないからだ。

親が亡くなっても、親から受けたネガティブな感情やストレスを忘れられない人もいる。子どもにそんな遺産を残したくはないだろうが、実際にはよくある話だ。

本書で学んできたあなたなら、子どもにも、ほかの家族にも、「自分は愛されている」「自分は生きる価値がある」と確信して人生を歩んでほしいと思っているはずだ。

子どもに愛の遺産を残すにはどうしたらいいだろう。それは、**愛のメッセージをいつもはっきりと伝えることだ。**生きているうちに。死んだらもうチャンスはない。

メッセージは、誤解の余地がないほど明確であること。そして、いつも伝えること。子どもを批判してばかりで、ごくたまに「愛している」と言っていただけで、子どもが愛情を感じてくれるなんて都合のいい話はないのだ。

言葉だけでなく、行動や態度などあなたのすべてを使って愛していることを伝えよう。子どもの意見に全部賛成する必要はない。あなたの意見や考えを言ってもかまわない。しかし、自分はいつでも子どもの味方であること、いつでも子どもを支えること、子ども自身の決断を尊重し、信頼していることも、言葉と態度で明確に伝えなければならない。言わなくてもわかっていると思い込むのはぜったいにだめだ。

そうすれば、たとえあなたが明日死んでも、あるいは一〇〇歳まで生きても、残された人たちは、あなたの愛をずっと感じていることができるだろう。あなたがそばにいなくても、ずっとあなたの支えを感じて生きていくことができる。

第4章

友情についての14のルール

家族関係に比べれば、友人との関係はかんたんだ。
一生離れられないわけではないからだ。
しかし裏を返せば、あなたの友人も、
あなたから離れていけるということである。

恋愛についてのルールがあるように、
友情についてのルールもある。
相手との関係を実りあるものにし、
愛する友から友人でいたいと思われるためのものだ。
友人にどこまで期待していいのかを
知っておく必要もある。

友人とのあいだになにか問題があるなら、
原因はなんだろう？
友情の範囲で、相手になにを求められるだろう？
本章のルールは、
そうした問題の解決にひと役買うだろう。
そして、一生ものの強く深い友情を育ててくれるはずだ。

Rule 89

そのままの友人を受け入れる

わたしの友人にこんな男がいる。

待ち合わせにはいつも遅れる。結局、現れないこともある。かと思えば、なんの前触れもなく突然やってくる。「ひと晩泊めてくれ」と訪ねてきたのに一時間で帰ってしまう。キャンピング・カーで暮らし、気ままな旅暮らしをしている彼のライフスタイルにはぴったりなやり方かもしれないが、そのたびにこちらはイライラさせられた。

何年か前、わたしは彼の行動にひどくいらだって、わたしの人生から彼を切り離すときなのかもしれない……そう思いはじめた。それを妻に話すと、彼女はこうたずねた。

「あなたは彼のどこが好きなの？　なぜ、これまで親しくしてきたの？」

わたしの答えはこうだった。

「あいつはワイルドで自由、その瞬間を生きているヤツだからだ」

彼は、わたしのあこがれの人物で、わたしができなかった生き方を実現していた。彼は、いまわたしが背負っている生活と家族への責任とは相いれない生き方をしている。

わたしは、自分の望んだ人生を手にしているのに、選ばなかったもうひとつの道を夢見ることをやめられなかったのだ。

それから妻は、わたしに聞いてきた。

「ワイルドで自由で、いつもその瞬間を生きている人にたいして、前もって約束してから訪問してほしいなんて、矛盾してるんじゃない？」と。

それ以来、まさに彼らしいふるまいのおかげで予定が狂わされるたび、笑顔でこう考えられるようになった。

「ぜったい予定どおりの行動なんかとらないでくれよ。そこが気に入ってるんだから！」

重要なのは、あなたといっしょにいるときに、友人がその人らしくいられることだ。ありのままの彼を受け入れるか別れるか、どちらかだ。

相手のことが好きなら、欠点はがまんして友人でいよう。相手を変えることはできないのだ。わたしの友人と同じく、**欠点はたぶん、あなたが相手を好きな理由の裏返しなのだ。**がまんするほどの意味をもたない友人なら、静かにその友情から手を引けばいい。

Rule 90

つねに新たな友人を迎える心構えをもつ

仲のよい友人を思い浮かべてほしい。次に、彼らとどんなふうに出会ったか、思い出してみよう。あなたは最初、相手のことをどう思っただろう。いつか親友になると予想できただろうか。

あるわたしの親友は、最初、実に憎たらしい〝敵〟だった。同じ職場で働いていたわたしたちは、おたがい相手をクビにしてやろうとしていたのだ。思い出すのも恥ずかしい過去だが、両方ともがそれに失敗したのはラッキーだった。その後、わたしたちはいっしょに出歩く仲になった。

もちろん、はじめからいい印象をもった相手もいるが、その友人たちにしても、これほど頼りになり、すばらしく、いっしょにいて楽しい友人になるとは思わなかった。

これから出会う人も、いまの友人と同じくらい仲良くなれる可能性がある。だから、初

めて会う相手には、友人となるチャンスを与えよう。

グループの仲間とくっついて、新たな友だちを作ろうとしないことはないだろうか。考えてみてほしい。ずっとそうした態度でいたなら、いまの友人だって見つけられなかったかもしれないのだ。

わたしの友人の顔ぶれはさまざまだ。定職に就いている者、失業手当を受けている者、貴族階級の者、マスコミで働いている者、芸術家、専門職、ウェイター、起業家、大金持ち、刑務所に入っていた者、八十歳の老人もいればティーンエイジャーもいる。

彼らから日々、多くを学ぶことができ、わたしの人生はけた外れに豊かなものになった。人を見かけや肩書きで判断しないことも、何年もかけて学んだことのひとつだ。

だれもが遅かれ早かれ、よき友人を必要とする。多くの友人を得るほど、ますます多くの、よき友人をもつことになる。

初めて会う人に目を向けなかったせいで、友人になれなかったら悲しいことだ。相手のことを知る時間をとったら、大好きになっていたかもしれないのに。

Rule 91

最終的に自分の人生にプラスになる人とつきあう

友情のすばらしいところは、それが義務でないということだ。いたくもない相手といっしょにいる必要はない。

もう少しはっきり言おう。いっしょにいると自分の気分がよくなり、つらい時期には支えてくれる――あなたには、そんな友人をもつ資格がある。この基準を満たさないなら、たとえあなたが友人と呼んだとしても、ほんとうの意味の友人ではない。

とはいえ、これはいつもできることではない。

あなたをがっかりさせることもあるけれど、お腹の底から笑わせてくれる人は？

あなたの夢は応援してくれないけど、困ったときは親身に話を聞いてくれる人は？

口やかましいけれど、いつだって助けようとしてくれる人は？

あてにならないけれど、そばにいるときは信じられないくらい親切な人は？

こんな人はほんとうの友人だろうか。むずかしい質問だ。わたしにも答えられない。ただ言えることは、これは〝バランシング・アクト〟、つまり〝天秤にかけて判断すべきこと〟だということだ。**天秤の片方には友人の欠点を、片方には長所を乗せ、どちらが重いかを判断するのだ。**

これで、このまま友だちでいるべき人と、そうでない人を、はっきり区別できるはずだ。思い出してほしい。友人は変えられない。取るか捨てるか、どちらかだ。

相手のことをどう思うか、洗いざらい話して対決すべきだと勧めているのではない。しかし、相手を信用することをやめ、助けが欲しいときにも頼るのをやめ、自分の誕生日パーティに招待するのをやめることはできる。つまり、親友として扱うことをやめ、慎重に知人という地位にまで格下げするのだ。

いますぐこれを実行する必要はない。一生のあいだに、何人かの友人をチェックするべきときがある。そのとき、このルールで点検することで、あなたの友人は、全体としても、ひとりひとりでも、あなたの人生をより豊かにしてくれていると確認できる。

Rule 92

相手が必要とするときにはそばにいる

これは実に不公平なルールかもしれない。

あなたの友人が従うべきルールは存在しない。あなたはありのままの相手を受け入れるだけだ。しかし、あなたが従うべきルールはある。友人でいようと決めた相手にたいしては、できるかぎり最良の友人となるよう、あなたには努めてもらいたい。

これは非常に高いハードルだ。友人があなたを必要としているときは、忙しくても、疲れ切っていても、時間を見つけなければならない。

突然電話してきたり、玄関先に現れたりして、友人があなたを必要とするときがある。なにかがうまくいかず、絶望的になっていて、だれかの肩に寄りかかって泣きたい、助けてほしい、話を聞いてほしい……、そんなときは、そばにいてあげること。そのために、疲れた体で明け方まで起きていたり、仕事を一日休まなければいけないとしても。

よき友人になるための条件はいくつかある。聞き上手、前向き、面倒見がよい、親切、頼りになる、相手の気持ちに寄りそえる……、いろいろだ。

しかし、とにかくそばにいなければ、よき友人の条件のひとつも満たすことはできない。なにより重要なのは、どんなにむずかしくても、友人に会う時間を作ることなのだ。

友人があなたを必要だとしても、何時間も必要だとはかぎらない。必要なのはほんの数分のちょっとした心づかいだけのことも多いだろう。

二〜三日に一度、ほんの五分間電話が欲しいこともあるだろう。ただ、あなたから「元気でいるか？」と気に掛けてもらうことだけが必要なのかもしれない。ちょっとしたカードやメールだけでだいじょうぶなこともあるだろう。


このルールは、あなたがほんとうに上手に人を愛することができるようになれるか、それを試す重要なルールだ。

友人がつらいときには、たとえ自分がたいへんでも、友人にとって必要なだけの時間と支援を提供しよう。なぜって、必要とされるときにそばにいられないなら、友人でいる意味なんてあるだろうか。

Rule 93

過去のトラブルを水に流す

友情を長続きさせたいと思うなら、相手からされたひどい仕打ちを許さなければならない。相手にそのつもりはなかったかもしれないが、あなたのなかでわだかまりになっているような出来事のことだ。

- **いつも遅刻する**
- **自分の話ばかりして、あなたへの気づかいがない**
- **結婚式に招待したのに来てくれなかった**
- **貸したお金を返してくれない**

もちろん、ほんとうに許せないこともあるだろう。だから、すべてを許さなくてもいい。ただ、わたしの経験から言うと、どちらかが相手を許せないと友情はいずれ終わる。

終わらせるのが悪いわけではない。それも選択肢のひとつだ。しかし、気に入らないことがあるたびに友情を終わりにしていたら、友人がいなくなってしまう。

かんぺきな人はいない。そして欠点があっても、友だちはやはり大切な存在だ。

だから、よほどのことでないかぎり、彼らを許してあげよう。忘れる必要はない。忘れなければ、たとえばもう友だちに大金を貸してはいけないと学ぶことができる。

とはいえ、友だちの前では忘れたふりをしなければならない。過去のあやまちを蒸し返して、いつまでも嫌味を言ってくる友人をもちたい人はいないだろう。

許すのはかんたんではない。その出来事について、友だちとじっくり話す必要もあるかもしれない。しかし、それはあなたの気持ちが落ち着いてからだ。

許すときは、本心から許さなければならない。そしてこれは、友だちのためというよりも、むしろあなた自身のためだ。許すと心が軽くなる。

許すためのヒントは、彼らの動機を理解することだ。ほんとうの友だちなら、わざとあなたを傷つけようとしたのではないはずだ。なぜ、そんなことをしたのか。それがわかれば、許すのもずっとかんたんになるだろう。

Rule 94

けっしてアドバイスしない

とにかく友人にたいしてアドバイスするのはぜったいにだめだ。友人がまちがえているとわかっていても、どうするべきか知っていても、アドバイスしてはいけない。

最近読んだ新聞に載っていた、ある夫婦の話をご紹介しよう。

ふたりは、友人や家族全員から「結婚するな」とアドバイスされたと言う。猛反対のあまり、結婚式に出席してくれなかった人もいた。ところがその記事は、ふたりが結婚七十周年を迎え、新婚当時と変わらず幸せに暮らしていると伝えるものだった。

自分が正しいと言い切るなんて、不可能なことなのだ。相手にアドバイスしたくなるくらい重要なことならば、なおさらなにも言わないでおくこと。あなたの仕事は、そばにいて話を聞くことだけだ。

では、友人がほんとうに重要な決断をするときに、どうやって手助けできるのだろう。

その答えはかんたんだ─**質問をすればいい**。それも、誘導するような意図のない質問にすること。例として、わたしのとても親しい友人の話をしよう。

彼女は、海外に新しい仕事を見つけた恋人といっしょに引っ越すか、ものすごく迷っていた。わたしにできたのは、彼女に質問して、よく考える手伝いをすることだけだった。

彼についていかないで、彼との関係がダメになったらどう感じる？

死ぬほど彼に会いたいと思う毎日だったら？

いっしょに海外に行って、いまの仕事と同じくらい好きな仕事が見つからなかったら？

わたしは極力バランスよく質問を続けた。最終的な彼女の決断はお教えしない。彼女の決断は彼女自身のもので、あなたにも、わたしにも、関係ないからだ。

もし友人があなたにアドバイスを求めても、それには抵抗すること。ただ質問するだけにしよう。「このブーツを買うべきか」「あの帽子を買うべきか」と聞かれたら答えればいい。でも、大切なことに関しての意見は、自分の中だけにしまっておくこと。結局は、そうしてよかったと思うことになる。

Rule 95

センシティブな話題に触れない

二歳の子どもをもつ友人の女性がいる。

彼女は、ことあるごとに「二人目はまだか」と言われることにうんざりしている。なかには、「一人だと子育てがかんたんでいいわね」とまで言う人もいるという。

あなたもきょうだいや親しい友だち相手に、こういう会話をしてしまうことがあるかもしれない。もちろん悪気はないだろう。それでもこれは他人が口を出していいジャンルの話ではない。他人に話しづらいような話題は、こちらから触れないようにするのが礼儀だ。

- **シングルの人に「なぜ恋人を探さないの？」と聞く**
- **離婚した人に「そろそろ新しい人を探したらどう？」と提案する**
- **長いつきあいのカップルに「次はあなたたちの番ね」と言う**

●ふっくらし始めた友人に「予定日はいつ？」と尋ねる

心のなかで思うことはあるかもしれない。でも、口に出してはいけない。別の友人の女性は、息子の同級生の父親が刑務所に服役中であることを、最近になって知ったという。その子の母親に向かって、学校の送迎や行事に父親が参加しない理由を聞かなくてほんとうによかった、と彼女は心からほっとしていた。

このようなケースでは、自分のパートナーのちょっとしたぐちも、相手を傷つける可能性があるので、気をつかう必要がある。

わたしの子どものころは、他人に個人的なことを聞いてはいけないと厳しく教えられたものだ。これはまったく正しい教えだ。しかしどういうわけか、最近は平気で他人のプライベートに踏み込む質問をする人がいる。

少しでも「これはどうかな」と思ったら、ぜったいに口に出さないこと。

相手の事情を知りたければ、「最近はどうですか？」とざっくり聞く。相手が話してもいいと思っていたら、そこで話してくれるだろう。

Rule 96

誇れる人と友人となる

自分だけ別の花でいることはできない。アザミの群れの中の一輪のポピーや、イバラの中の一輪のバラでいることはできないのだ。

「友人には影響を受けない」とか「自分はちがう」と思っていてもむだだ。そんなにちがうなら、なぜ彼らといっしょにいるのだろう。

美しい真紅のポピーになりたければ、力強く成長できるポピー畑を見つけなければならない。いっしょにいる仲間を恥じているなら、愛することも愛されることもできない。

この点ははっきりさせておこう。あなたは、誇りに思い、自分がその一員であることを誇れる、そんな友人をもつ必要がある。人間世界のポピーやバラを見つけて友人になるのだ。ルールを身に付けたあなたなら歓迎される。よき友人を探すことはむずかしくない。

ではなにを目印に探したらいいだろうか？　そうした人物に出会ったとき、どうやったらわかるのだろう？

彼らは正直で誠実だ。

いつも真摯でうそをつかない。

あなたからなにかを得られるからではなく、あなたを楽しませるためにそばにいる。

あなたを利用しようとか、いやがることをさせようとプレッシャーをかけたりはしない。あなたの信頼を裏切ったり、隠れてあなたの陰口を叩いたりもしない。

親切で、寛大で、思いやり深く、必要なときそばにいるよう最大限努力してくれる。


誇れる友人と時間を過ごすようになると、自分も彼らに似ていくのがわかる。アザミと群れていたときには、まったく進歩を感じられなかったのと反対だ。あなたは花開き、自分のすばらしさを実感できるようになる。

恥ずかしかったり、楽しくもない人といっしょにいてなんになる？　いっしょにいるのが誇らしい友人たちで人生を満たすこともできるのに。

もし、そうしたすばらしい人が、あなたと友だちになりたいとしたら、あなた自身も価値ある人間になれた証拠となる。あなたは醜いアヒルの子ではなく、美しい白鳥だったと確信できるのだ。

Rule 97

お金を貸すなら、あげてしまう

作家のオスカー・ワイルドが、友人から借りた本を失くしてしまったときのことだ。本を返してもらえないことに腹を立てた友人は、ワイルドにこうたずねた。

「きみは僕たちの友情をダメにする気なのかい？」

ワイルドはこう答えた。

「君こそ、こんなことで僕との友情をダメにしていいのかい？」

貸したお金を返さないせいで友情がこわれてしまう――わたしもそんな事例をたくさん見てきた。それはときには、お金ではなく、本やレコードだったり、どこかにぶつけて返された車だったりする。

友だちになにかを貸すなら、最初からあげたものだと心の中で覚悟する必要がある。そこまでする価値はないと思うなら、最初から貸してはいけない。

その価値があるなら、**貸す時点で気持ちのうえではもう自分の持ち物リストからは消してしまおう。**そうすれば返してもらったときに喜ぶことができる。お金が戻ってくるのは十中八九というところだが、この方法をとれば、友人を失わずにすむ確率は一〇〇％だ。

ほんとうの友人なら、あなたの貸したものより価値があるはずだ。つまり、友情を投げ出すなんておかしなことなのだ。あなたが幸運にも手にしているものを友人が必要としているなら、あげてしまったらいい。

相手のプライドを立てて、建前では〝貸す〟ことにしておこう。しかし心の中では、相手にその価値があるから贈り物としてあげてしまうのだ。あとで返してもらえたら、それは相手からの贈り物だ。友情のすばらしさが証明されたことになる。それだけの話だ。

あなたが友人からお金を借りたら、できるだけ早く返すこと。借りた本を失くしてしまったら新しいものを買って返し、車なら洗車してガソリンは満タンにして返すこと。

それが、あなたに大切なものを貸してくれるほど寛大な友情を示してくれる人にたいして、あなたができる最低のマナーだ。

Rule 98

友人の恋愛を祝福する

いっしょにいてほんとうに楽しい最高の友人が、どうしても好きになれないような人とカップルになったとする。友人はあなたの気持ちに気づいておらず、ただ自分の親友とパートナーに仲良くなってほしがっている。こんなとき、あなたはどうするだろう。

「新しいパートナーとは別れたほうがいい」そう言いたくなる気持ちはよくわかる。実際、多くの人がそうするが、それは正しい解決法ではない。

友人はかなり高い確率で、あなたではなく新しいパートナーのほうを取るだろう。そしてあなたは友人の信頼を裏切ったことになる。

そのパートナーがいっしょにいるせいで友人との時間を楽しめないなら、パートナーがいないところで会うようにしよう。週末ではなく、平日の夜に会うのがいいかもしれない。「きみのパートナー抜きで会いたい」と事務的に伝え、そこで話は終わりにすること。

この先の進み方としては二とおりしかない。

友人とそのパートナーは何年も、もしかしたら一生別れずにいるかもしれない。その場合、友人にとってパートナーはあなたよりずっと重要な存在になる。それをどうこう言えば、ふたりの物語からあなたは姿を消すことになる。いずれにせよ、この新しい人物が友人を幸せにしてくれるなら、それはあなたの望みどおりではないだろうか。

もうひとつの可能性は、ふたりの仲が終わり、あなたが最初から正しかったと明らかになる展開だ。そのとき友人が必要とするのは、すでに仲たがいした友でもなければ、「だから言ったのに」と言う友でもない。

いずれにせよ、あなたにできることは友人の恋愛を祝福することだけなのだ。そして、自分の意見は自分の中だけにしまっておくこと。**「どう思う?」と聞かれたら、いいところを見つけてほめ、話は切り上げるのだ。**

もうひとつできることがある。ふたりが別れたとき、友人のためにあなたが事態を収拾する——その心の準備をしておくことだ。

Rule 99

友人を裁かない

正直に言おう。これはわたし自身もよく忘れてしまいがちなルールだ。

遅刻してきた友人に「ずいぶん待たされた」と文句を言う。そのときは、自分がほんの先月、遅刻して相手を待たせたことなどは、すっかり忘れている。

なにかを指差してみよう。腕を伸ばして、人差し指を突き出してみてほしい。人差し指以外の三本の指は、自分のほうを向いている。

それは、つまりこういうことだ。「あいつ、偉そうにしやがって」と指摘する人の三本の指は自分自身を指している。いばっている人に腹を立てる人は、その本人もいばりたい人なのだ。

あなたががまん強いからと言って、気の短い人間を非難していいわけではない。

きれい好きだからと言って、だらしない人間を批判していいわけではない。外向的だからといって、内気な人を批判していいわけではない。

世の中にはいろんな種類の人間が必要だ。友人がどうしてそんな人間になったのかその理由など、あなたにはわからない。とにかくありのままの友人たちを楽しんだらいい。あなたにも友人に負けないくらい欠点がある。わたしはあなたに会ったことはないが、それだけは言える。なぜなら、だれだって欠点があるのだから。

あなたの三本の指が指しているのが、友人と同じ欠点ではないかもしれない。それでも、あなたにはそれ以外の欠点がたくさんあるはずだ。

あなたを落ち込ませたいわけではない。あなたという人間をすばらしく、深みがあり、魅力的にするのは、スムーズなところとデコボコなところの両方なのだ。同じことがあなたの友人にも言える。

だから、少しばかりの理解と賞賛の気持ちを忘れず、批判の手はゆるめよう。まずだれかを指差す前に、自分の残りの指がどこを指しているか確認しなければいけない。

Rule 100

友情は変わりゆくものと覚悟する

この二十五年間会ったことのない古い友人から、つい最近、手紙をもらった。昔、わたしたちは親友だった。再会したわたしたちは、すぐに二十五年前に戻った。ほんとうによき友とは、そういうものだ。いつだって、別れたときから続きをはじめられる。

子ども時代、大学生時代、就職したてのころ……、それぞれの時代や場所ごとに、当時仲良くしていたが、いまは連絡をとっていない友だちがいる。だれだってそうだ。わたしは十六のときに学校をやめたので、当時の友人のほとんどと親交がない。わたしが生活費を稼いでいる時間、友人たちは小論文のことで頭を抱えていた。わたしたちは共有するものがなくなり、自然と離れていくことになった。

人生はめまぐるしく変化していく。そのたびに友人の顔ぶれが変わっていくのも仕方のないことだ。いままで作り上げた人間関係をすべて維持し続けることはできない。

引っ越ししたのに毎週会い続けることはできないし、夜の仕事に変わったら二、三日おきに電話でおしゃべりはできない。あなたが好きになれない相手と結婚した友人とも会う機会は減っていく。

これはすべて普通のことだ。人生があなたたちをちがう方向に連れて行くのだから、申し訳なく思うことも、腹を立てる理由もない。それは短い間のことかもしれないし、永遠に会わなくなるのかもしれない。それは仕方のないことで、だれのせいでもない。

振り返れば、わたしにも懐かしく思い出す友人がたくさんいる。いまは思い出すだけで幸せになれる友だちもいるし、つきあいが続いている友人も少しだけいる。連絡を取り続けて、ほんとうによかったと思う。

いずれにせよ友情とは変わっていくものだ。会えばすぐ昔に戻れるが、会う回数は減っていく。抱えている問題、興味、心配事もそれぞれ変わっていく。そのために友情は変化する。しかし、変化にさらされるおかげで、さらに深い絆とすることもできるのだ。

Rule 101

意味がなくなったのなら友情を終わらせる

友人との関係はだんだん遠のいたり、反対に近づいたりする。場合によっては関係そのものを見直して、次の段階へと踏み出すべきときがある。

宗教に入信した友人があなたに説教ばかりする。

薬物にはまった友人が、いやがるあなたにも勧める。

金の亡者になってしまった友人と、いままでと同じようにはつきあえないと感じる。

こうした事態がふたりの友情に影を落としはじめたら、なにも言わずにだんだんと離れていく方法はたぶん通用しない。「この人物から離れよう」と意識的に決断し行動する必要があるのだ。

こうした状況が起きていることに気づき、友情を続ける意味がないと思ったら、その流れに逆らうのはやめよう。つかんだ手を離し、前に進もう。

友情が終わるのはつらいが、過去にしがみついていても事態は悪くなるばかりだ。終わらせることを意識的に決断するほうが、ずっといい。

おたがいになんの利益ももたらさない関係になってしまったことを、相手に説明したくなったとしても、けっしてけんかはしないこと。ただ、いっしょにいても未来が見えないということだけを伝えよう。

じわじわと離れていって自然消滅を待つほうがかんたんなこともあるだろう。どちらにしても、相手もそう抵抗することはないはずだ。友情は双方向のものなのだから、片方にとって無意味になれば、もう片方にとっても同じことだからだ。

ただそれに気づくまでに、片方にはより長い時間が必要な場合もあるというだけだ。

はるか未来には、すばらしい友人候補がたくさん存在する。だから終わってしまった友情に時間とパワーをむだづかいするのはやめておこう。

Rule 102

終わってしまった友情に感謝する

友人が去っていく理由には、いろいろある。


もしかしたら、相手は意識的にあなたと距離を置いたのかもしれない。

あなたをうらやましく思う気持ちをおさえられなくなったのかもしれない。

あなたはまったく問題ないと思ったことに、相手は腹が立ったのかもしれない。

あるいは、あなたとはいっさい関係のない理由かもしれない。


そんなとき、あなたはどうすればいいだろう。

相手に腹を立てたり、悲しい思いを抱くのも無理はないが、それがなんになるだろう。

あなたがなにを感じているかを、友人は知ることはない。うらんだとしてもなんの変化も起こらない。苦々しく思うことになんの意味があるだろう。

ひとつ提案がある。とにかくそれを受け止めて、しばらくいっしょにいてくれたこと、そして友情がもたらしてくれたものに感謝しよう。

進む道がちがったのだ。もしかしたら相手のほうが正しい道からはずれてしまったのかもしれない。友情を失ったことが悲しいのは、かつてはすばらしく前向きで、元気をもたらしてくれ、支えとなり、意味のある関係だったからだ。

悲しんで自分を哀れむような感情を抱えていても、ものごとが建設的な方向に進むことはない。かぎられた時間であれ、その友人のおかげで幸せと喜びを感じることができたのなら、なおさらだ。

長続きする友情もあれば、つかのまの友情もある。その事実を受け入れて人生を歩むほうがずっといい。数カ月しか住まない家もあれば何十年も暮らす家もあるのと同じことだ。住んでいるときは同じく価値あるものだから、短命のほうをうらむ理由はない。

そのわずかな期間でもそばにいてくれたこと、しばらくのあいだあなたに友情を捧げてくれたことを、心から感謝しよう。

第5章

すべての愛のための5つのルール

これまでいくつかの章に分けてルールを紹介してきた。
実はあともう少しだけ、
あまりに普遍的で
これまでの章に収められなかったルールが残っている。
そこで最後に、上手に愛する人になるための
愛の結論としてそのルールを紹介したい。

この５つのルールは、われわれが出会うすべての人と、
そして、とりわけ愛するパートナーと、
愛し愛される関係を築くための、
実に普遍的なルールだ。
愛に満ちた人生を送るために欠かせない基本でもある。
このルールをマスターできれば、
これ以上なにも学ぶべきことはないのかもしれない。

Rule 103

〝もの〟より人が大切

これは、祖母のお気に入りの言葉だ。

わたしたちきょうだいがまだ小さかったころ、しょっちゅう祖母の家のものを割ったり壊したりしていた。母は、祖母に気をつかってわたしたちをよく叱ったものだ。

しかし祖母は、どんなにだいじなものをこわされてもまったく気にせずこう言った。

「いいんだよ。ものより人のほうが大切だからね」

こわれたものが〝もの〟であるかぎり、祖母はほんとうにまったく気にしていなかった。それはじつに分別のある正しい態度だ。

もちろんわたしたちも、頭ではわかっている。子どもや家族が傷つくよりも、ものが傷ついたりこわれたりするほうが、ずっとましだ。

でも、ふだんは人間が壊れるとは考えないので、目に見えやすい「もの」が気になってしまう。お金がなくなった、車がへこんだ、パソコンがこわれた、という具合だ。

じつは、わたしも以前はものに対する執着がとても強かった。

長年の間に集めた絵やら家具やら記念品やらに囲まれて暮らしていた。大きな家に住み、たくさんのローンを抱えていた。たいせつな美術品がなくなったり、家具が傷ついたりすると、烈火のごとく怒っていた。

やがて、ある出来事でわたしは家を失った。たいせつにしていたものをほぼすべて手放し、賃貸アパートに暮らすシングルファザーになった。

何もかも失って絶望したかって？　答えは「ノー」だ。ものはなくなったが、子どもたちは元気で食欲旺盛だ。身軽になり、自分がほんとうにたいせつなものに集中できるようになった。それは、子どもたちであり、友人たち、わたしのまわりのすべての人たちだ。

しばらくして、わたしの経済状況は回復した。何年か後には家や家財道具をまた手に入れることができた。しかし、ものへの執着心は、戻ってこなかった。

今のわたしは、ものとの間に適切な距離を保っている。幸せになるのに〝もの〟は必要ない。幸せになりたいなら、必要なのは〝人〟だ。

Rule 104

不安な気持ちにとらわれない

不安感とはなにに対して抱くものかわかるだろうか。それは〝わたし〟に対してだ。

わたしはまたあんな失敗をしてしまった。
わたしの人生はなんてひどいんだ。
わたしはどうなってしまうのだろう。

不安とは自己中心的で、相手にまっすぐ向き合おうとしない感情だ。自分の罪の恐ろしさを思い、自分を哀れむのに忙しい——そういう感情なのだ。
そんなに重荷なら、下ろしたらどうだろう。背負うも下ろすもあなたの望みどおりだ。ひとつ問題があるとすれば、自分の話をするのはやめなくてはならないということ。そして自分以外の人に焦点を当てなくてはいけないということだ。それができるだろうか。

生きていれば、失敗したり、実に恐ろしい事態を引き起こしてしまうこともある。

ひどく酔って車をぶつけてしまい、だれかにケガをさせたとする。もちろんあなたは罪の意識を感じ、不安になる。

しかしその感情の中でもがき苦しむのが正しい道ではない。そこから脱出して、きちんと償いをし、飲酒運転反対運動をしたり、事故で長期間の治療を要するケガを負った人たちのためのチャリティ活動に従事したりするほうが建設的だ。

人をうまく愛するには、自分ではなく、相手に気持ちを集中することができなくてはならない。ところが、心が不安を感じるのに忙しいと、ほかの人々にきちんと愛を行き渡らせることができない。

不安をエネルギーにして生きる人は多い。自分の愛を自分自身に注ぐことが、もっともかんたんな方法だからだ。しかしその誘惑に負けてはいけない。なにか不安を感じている自分に気づいたら、そこで立ち止まって振り切って、自分以外に気持ちを向けよう。

Rule 105

愛とは時間のことである

離婚した親友が「そばにいてほしい」と言っているのに、病気の母親の病院にも行かなくてはいけない。

パートナーが発作に見舞われてあなたは離れられないのに、妹は子どもが手に負えなくてあなたの助けを待っている。

長男が運動会に来てほしいと言っている。長女の音楽発表会も同じ日だ。

人生はこんなことだらけだ。愛する人は、あなたの時間を要求する。ちょっとでいい人もいれば、たくさん必要な人もいる。いますぐ必要な人もいれば、余裕のあるときでいい人もいる。しかし愛する人にとって必要なのは、最終的には時間なのだ。

時間はかぎりある資源だ。自分の人生に、多くの人を招くことはできるかもしれない。しかし、その数が多いほど時間は減り、ほかの人とつきあう余裕がなくなっていく。

時間が足りなければ、優先順位をつけるしかない。ある種の序列が必要なのだ。パートナーと子どもがまずいちばん、それから両親、きょうだい、親友……。頭の中で重要な順番を整理しておくほうがいい。そのリストの順番はそのときどきで入れ替わる。

タイム・マネジメントの専門家は「ものごとの重要性と緊急性を基本に時間を割り振るべし」と教える。普通は緊急なことに振り回されがちだが、大切なのは重要なことにきちんと時間を割り振ることだ。愛も同じようなものかもしれない。

この原理を理解すれば、全員にたいして充分なことができないからといって感じるストレスが、かなり減らせるはずだ。

「今回の音楽会は行けないけれど、次回は行く」とか、「友人のそばにいられるのは今週は二時間だけ」とか重要度に応じて決められるようになる。

そのうえで、愛する人たちにこう説明しよう。

「あなたといっしょにいたいが時間はかぎられている。だからわたしにできるのはベストを尽くすことだ」と。

Rule 106

愛はたくさん手渡せば、たくさん戻ってくる

ある知人の話をしよう。

彼は実に社交的で、いつもたくさんの友人に囲まれていた。どうにかして時間を見つけ、全員に〝自分は特別〟だと思わせることができるからだ。

困ったことがあれば、必ず駆けつけた。彼は結婚して子どももいて、普通に仕事もしているのに、いつでもやってのける。聞き上手で、次々とお茶を注いでは、ビスケットを皿にとってやる。地域の慈善事業のためにお金を調達する仕事まで引き受けた。

その彼がたいへんな不運に見舞われた。母親が亡くなり、同じ時期に職も失った。みなが彼の周りに集まって、思いやりを示し、助けようと申し出た。みなは彼のために悲しみ、同時に彼の親切にお返しができる機会がきたことを、喜んでいたのだ。

不思議なことに、彼はそれに驚いたようだった。ひどく感激し「みんながこんなによくしてくれるなんて信じられない」とわたしに言った。どう見ても当然のことだったのに。

別の人物の話もしよう。もう少し年上で、最近亡くなった男性だ。いい人だったが、人づきあいを避け続けた。ご近所だったし、残された奥さんの手伝いができたらと、わたしは葬式に出かけた。

そこにいたのはたった十人だった。そのうちの五人は家族だ。わたしはひどく憂鬱になった。八十年を越える彼の生涯の代償としては、あまりに寂しく感じられたからだ。

この世界では、愛を与えた場所から愛が返されるとはかぎらない。あるひとりの人間にたいするあなたのやさしさは、まったく見知らぬ別の人間から返されるかもしれない。しかし、愛を手渡し続ければ、たくさん手元に戻り続ける。

愛することにかけられる時間は一日二十四時間。この制限時間はあるにしても、自分の時間のなかから、より多くを手渡せば、さらに多くの愛をみなが返してくれるのだ。

あなたの葬式に何人が来てくれるだろうか。期待している人数より少なそうだと感じたら、もうちょっと努力して、愛する者を思いやることに心を配ろうと気を引き締めることができるのではないだろうか。

Rule 107

自分の外側の世界に目を向ける

このルールを本能的にわかっている人は数少ないかもしれない。わたしにこのルールを教えてくれたのは、そんなひとりだった。

わたしの大切な人が亡くなったとき、その友人はわたしを支えてくれた。それはかんたんなことではなかった。というのも、彼女には幼い子どもが三人いて、そのうちふたりは血友病だった。つねに気の抜けない重い病気だ。しかも三人目はまだ赤ちゃんだった。

そのうえ、実にひどい一撃が彼女を見舞った。医者から、夫は不治の病だと告げられたのだ。こうしたいっさいの事情にもかかわらず、彼女は、わたしがだいじょうぶか、なにか必要なものはないかを確認するために、定期的に電話してきてくれた。

彼女のやさしさに感激したわたしは、お返しにできるだけ彼女をサポートしようとした。そして気づいたことがある。だれかほかの人のことを心配しているほうが、自分のことばかり気に病んでいるよりも、自分の問題に対処するのがずっとかんたんになるのだ。

彼女がこの真理に気づいていたのはまちがいない。自分よりも他人を優先して考えることで、人生から最高に多くのものを得ることができるということを、本能的に理解していたのだ。他者を救うことで自分もまた救われる、ということを。

苦しいとき、自分のことばかり考えてしまう気持ちはよくわかる。しかしいまのわたしは、それで得るものはないとわかっている。特に、ものごとが悪くなりはじめたら、自分の内側を見つめることをやめなければいけない。

考えるべきは、周囲の人々のために、自分の愛を最大限に活用する方法だ。そうすれば、自分は役に立ち、価値ある存在だと感じられる。その感覚は、今後なにを経験するにしても、あなたの助けとなり、外側の世界へとあなたを連れ出してくれる。

このルールを人生の絶対的な道しるべとして胸に刻んでほしい。このルールは、あなたを愛し、あなたが愛する人たちで満たされた、最高に楽しくて充実した人生へとあなたを導いてくれるだろう。一度このルールを身に付ければ、大きく道をはずれる人生を送ることはない。

第6章

別れのための10のルール

ある関係が正しいものかどうかは、
試してみるまでわからないものだ。
数週間でわかるときもあれば、
何年もかかる場合もある。
何十年もかかってたどり着いたところが、
これ以上進めない行き止まりということもある。
そうしたとき、関係を終わらせる方法にはいろいろある。
見るも無残で不快な別れ方もたくさんあるが、
わたしたちは、そうはならないようにしよう。

落ち込んでいるときに、
理性的に行動するのはむずかしい。
だからここでは、
最低限死守したいルールに絞って紹介しよう。
別れのときに、このルールを守れば
早く立ち直って心の平穏を取り戻すことができる。
パートナーとすばらしい関係を築けている方は、
よき友人となるために読んでもらえたらと思う。

Rule 108

内なる声に耳を澄ます

うまくいかなかった関係を振り返って、多くの人が次のようなセリフを口にする。

「彼女が結婚記念日を忘れたとき、もう終わりだなって心の底では気づいていたんだ」

「『やめて』と頼んだのに、彼がその仕事に就いたとき、こうなる運命だったんだわ」

ほとんどの場合、こうした予感をはっきり意識することはむずかしい。内側で小さな声が「うまくいかないよ」とささやいても、その声をやりすごしてしまうものだ。

たいていは、その時点から何カ月、あるいは何年もしてから「あのときもう修復不能なポイントを越えてしまっていたのだ」と思い返すことになる。

もっと早い時期から、そうした声に耳を澄ませたらどうだろう？

内なる声が疑いを口にしたらすぐパートナーと別れなさい──と言うわけではない。努力の時間は必要だし、すばらしい関係に戻ることができるかもしれない。

しかし、**惰性でそれまでどおりの関係を続けることと、もう元には戻らないかもしれないと覚悟して〝それでも努力する〟という選択をするのは大ちがいだ。**


惰性で進むほうが、みずから変化を求めるよりもずっとかんたんだ。多くの時間と努力をこの関係に投資したはずだから、失敗は認めたくはない。それに、ひとりで生きていくのは怖く感じるだろう。

しかし、いったんうまくいかないと確信できたら、早くそこから抜け出したほうがいい。長引かせても、事態は悪化するばかりだ。

両親がもっと早く別れてくれたらよかった――そう本気で思っている子どもは少なくない。夫婦の関係が平和なら、まだなんとかなるかもしれない。そうでなければ、別れてしまったほうが子どもにとっても幸せなのだ。

子どもはいない？　じゃあ、そんなにがんばっているのはなぜだろう？

大切なのは、自分の内なる声に耳を傾けることだ。そして「脱出したほうがいい」と言う声が聞こえたら、さらにダメージを積み重ねるようなことはしないことだ。でないと、ただみじめさを長引かせるばかりで、周囲にも悪い影響を与えてしまう。

Rule 109

別れの責任はふたりにあると考える

ふたりの関係がこわれるときには、必ず両方に原因がある。

わたしは離婚経験者だが、わたし自身それを認めるまでしばらく時間がかかった。ふたりの関係が崩れたのは、わたしたちふたりの責任だったのだと。

片方が一方的に別れのきっかけを作るのはよくあることだ。浮気したり、相手ががまんできないような態度をとったり、といったことだ。

しかし、たいていはその前になんらかの理由で、ふたりの関係はすでにだめになっている。その理由は、ふたりで作っていたのだ。

あるいは、パートナー選択の段階でまちがえていたのかもしれない。

相手が浮気性だったり、家族より仕事優先だったのかもしれない。だとしても、そういう相手を選んだ自分自身の責任だと考えたほうがいい。

「自分は被害者だ」と言い切れるような状況があるとしても、実際はなんらかの責任があるものだ。

相手の存在を軽んじたり、口うるさかったり、いっしょに過ごす時間が短かったり……、なんらかの窮屈な思いをしている側が、突発的で過激な方法で関係から脱出しようとすることも多いのだ。

このルールが重要なのは、**ふたりがおたがいに責任があると認められれば、友好的に別れに対処できるからである。**

自分のどこが問題だったかを意識できなければ、次の恋でもまた、同じミスを犯す可能性がある。まちがった相手を選んでしまうかもしれないし、相手とうまくいかない状態を長期化させるなど、また不適切な行動に出てしまうかもしれないのだ。

Rule 110

犯人さがしをしない

ひとつの関係が終わると、さまざまな感情の波が押し寄せる。後悔、怒り、敗北感、恥ずかしさ。罪悪感やフラストレーション。どの感情もけっして楽しいものではない。

だれかのせいにしたくなるのも当然だ。そして、別れた相手が格好のターゲットになる。

……こんなことになったのは、全部相手のせいだ。

しかし、考えてほしい。ほんとうにそれが別れの原因だろうか?

ここでは、〝別れそれ自体〟と〝相手の許せない行動〟を切り離して考える必要がある。たしかに相手にひどいところがあったかもしれない。浮気をしたのかもしれない。あなたが求めるほど愛してくれなかったのかもしれない。しかし、相手の性格や言動と、別れそのものは、別の問題だ。

はっきり言おう。別れはだれの責任でもない。

このつらい体験を乗り越え、これからの人生に向けて何かを学びたいなら、まずはこのことを受け入れる必要がある。

別れることになったのは、そもそもふたりがおたがいにとって運命の相手ではなかったからだ。別れは自然な結果であって、どちらの責任でもない。

正しい相手ではなかったのだとしたら、なぜ、つきあうことになったのか？　そのあたりから原因を考える必要がありそうだ。

もちろん、こんなことを考えるのは、ある程度立ち直ってからでかまわない。

うまくいかなかった関係から学ぶことができれば、もう同じ間違いをくり返すことはない。そこで「すべて相手が悪い」と思い込んでいたら、何も学ぶことはできない。あなたはただのあわれな〝犠牲者〟になってしまう。

次の関係でも、また犠牲者になりたいだろうか。もちろん、そんなことはないはずだ。

Rule 111

仕返しはしない

このルールを守り続けるのが、ほんとうにむずかしくなるときがある。

相手がひどいふるまいをするとき、口汚い言葉で相手をやり込めたい気持ちに打ち勝ってじっと耐えるのは、ほんとうにむずかしことだ。

でも、やり返してはいけない。つらい時間をやりすごすことができれば、あなたは正しい行動をしたことを誇りにして、仕返しするより何千倍もいい気分を味わえる。

報復は蜜の味だ。しかし、やり返せば、あなたも相手と同じレベルになり、悪魔の仲間入りをすることになる。仕返しは負け犬の専売特許なのだ。あなた自身を安物にすることになる。そして必ず後悔が待っている。

分別ある大人の態度を維持することだけが唯一の選択肢だ。たとえ、やられっぱなしに思えたとしても〝お人よしで弱虫〟だということにはならない。

仕返しはしない。

ひどく怒らない。

人を傷つけない。

考えずに行動しない。

無謀な行動をとらない。

攻撃的にならない。


つねに善良で、申し分のない態度をくずさないようにしよう。正直で高潔な行動を心がけ、よい人間であるように努めよう。

どんなに挑発されようと、相手がどんな不公平な態度をとっても、どんな不正な手段に出てたとしても、あなたは同じやり方で仕返ししてはいけない。

これは〝言うは易し、行うは難し〟の典型だ。実行はむずかしい。しかし、あなたならできるはずだ。仕返ししたくなったとき、このルールを思い出して、ほんの少し視点を転換してほしい。

Rule 112

失敗から学び、先へ進む

ある知人の話をしよう。

彼女の夫は、妻と子どもを置いて別の女性とどこかへ逃げてしまった。もう二十年も前の話だ。しかし彼女はいまも元夫を許さず、相変わらず苦しみ続けている。彼女はいまも、自分は完全に無実の犠牲者だと信じ込んでいる。

別れた夫は、ほとんど彼女と接触をとっていない。二番目の妻と幸せに暮らしている。もうすでに大人になった子どもたちと、必要があれば連絡をとっているだけだ。

彼女は彼女自身を苦しめている。彼女は現在も独身だ。別れてからの長い年月、もっと幸せな関係を探すことができなかったのだ。

多くの夫婦は、別れたあとの二、三年はむずかしい時期を過ごす。しかし、その後はおどろくほど仲良くつきあえるようになることも少なくない。

もし子どもがいるのなら、いずれ子どもたちが結婚するときに、なんの心配もなく式に出られる──それくらいのつきあいになるのが理想的だ。

どんな悲劇的な別れだとしても、あなたは次の人生へと踏み出す必要がある。自分のために、そしてほかのすべての人のために。苦しみは過去にしがみつくことから生まれる。人生は一度きりなのだ。失敗から学び、乗り越えて、先を急ぐのだ。

いつまでもネガティブな感情にとらわれて「ひどい目にあった」という被害者意識から抜け出せないでいると、ほんとうに犠牲者の人生をおくることになってしまう。

もちろん、しばらくは傷をいやす時間も必要だが、そのあとは立ち上がり、ほこりを払い、人生をもう一度楽しむことを思い起こす必要がある。

パートナーにどんな仕打ちをされたとしても、「すべては相手のせいで、自分はまったく悪くはなかった」ときっぱり言い切れるとしても、それはどうでもいい。

すべては過去に、もう過ぎ去ったことなのだ。過去になにがあったとしても、先を見て、自分や周囲の人々を幸せにするようなすばらしい人生を送ろう。無用に過去を蒸し返す時間など、いっさいないのだ。

Rule 113

子どもを巻き込まない

もしふたりに子どもがいるのならば、別れのゴタゴタに子どもを巻き込んではいけない。どんなにうまくやったとしても、両親が別れるというその事実だけで子どもにストレスを与えるものだ。さらにストレスを積み重ねるようなことはしてはいけない。

してはいけないがしてしまいそうなことに〝子どもを武器にする〟がある。子どもに会うことを制限したり、たとえば相手が子どもにふさわしくないと思っている番組を見せるなど、相手がいやがるとわかっていることを、あえて子どもに許すような方法だ。

子どもは、なぜあなたがそんなことをするのかわかっている。そして、居心地の悪い思いをすることになる。そのようなことで、子どもに罪の意識を持たせるべきではない。けっして、子どもにそうした負担を負わせてはいけないのだ。

子どもの前で、別れた相手の評価を落とすような話をしてもいけない。

別れた相手が憎いかもしれないが、子どもにとっては唯一の父や母であり、おそらく愛する存在のはずだ。もし愛していないなら、愛せるようにしてあげよう。そのほうが、子どもはずっと幸せになれるだろう。

「別れた相手だってやっている。それも、わたしよりずっとひどいやり方で」
――そう言いたいような状況なのかもしれない。

もしそうなら、片方の親がすでにそうしたかけひきをしているのに、もう片方にまで同じようにされたら、子どもはたまったものではない。あなたも同じことをすれば、子どもにとってもさらに状況は悪くなる。それはあなたも望まないはずだ。

このルールを見事に実行できたなら、どうなるだろうか。

離婚した親が、別れた相手への気持ちを断ち切って、自分のことを第一に考えてくれた
――そう感じている子どもは、親にたいして賞賛の思いを抱くようになる。

それにこのルールを実行できたら、それは別れの痛手を克服したと言える。あなたは心から自分に誇りをもっていいのだ。

Rule 114

別れたパートナーの悪口を言わない

別れたパートナーの悪口を言うと、スカッとする。それは否定できない。とても人間とは思えない、まるでモンスターのようなひどい人物だった。そうやってまわりに話すと、少しは気持ちが晴れるかもしれない。

しかし、長い目で見れば、これは絶対にやっていけないことだ。悪い結果しか生まない。相手にとってではない。あなた自身にとってだ。

怒りの感情を長引かせていると、別れを乗り越えるのに、さらに時間がかかってしまう。すぎたことをいつまでも怒り、恨み続けているのは、どう見ても幸せな人生ではない。

あなたが目指すのは、元パートナーのことを思い出しても、心にさざ波さえ立たないような気持ちのはずだ。そのほうがずっと早く幸せになれるだろう。

そもそも、彼らがほんとうにモンスターのような人物なら、なぜあなたはつきあったり結婚したりしたのだろうか？ 見る目がないから？ それともバカだから？

もうわかるだろう。別れた相手の悪口を言っても、それは自分に返ってくるだけだ。彼らがモンスターなら、あなたはそんな人とつきあうような人物だったということになる。

落ち着いて振り返ってみよう。**彼らはモンスターではない。きちんとつきあう価値のある人だった。**ただ、今回はたまたまうまくいかなかっただけだ。そうではないだろうか。でも、つきあってみなければうまくいくかどうかもわからない。最終的にはうまくいかなかったが、それはどちらのせいでもない。おたがいにがんばったが、今回は結果が出なかった。人間なら、だれでも経験することだ。

こんなふうに考えられるまでには、時間がかかるだろう。とくに長いつきあいだったり、ふたりの間に子どもがいたりするとなおさらだ。

しかし、つらい体験を乗り越え、幸せになるには、これが唯一の道なのだ。

Rule 115

つまずきやすい人間関係を自覚する

あなたはどこでまちがえたのだろう？

「別れはだれのせいでもない」とルール114で言ったばかりだが、とはいえ、「もっとうまくやればよかった」「それはしないほうがよかった」ということはあるはずだ。

どちらのせいでもないことを前提にしたうえで、なぜふたりはうまくいかなかったのかを考えることは、これからのあなたの人生にとって意味があるはずだ。

あなたと元パートナーのどちらにもなんらかの落ち度があることを自覚し、自分のまちがいを正直に認めれば、関係の終わりを素直に受け入れることができる。そして自分の失敗から学ぶことができれば、次はきっとうまくいくだろう。

まず本書のすべてのルールを熟読して、自分がどこで失敗したか考えてみよう。

そして、認めてしまおう。いつでも完全無欠の人間なんて存在しない。

わたしだってよく失敗する。だから、かんぺきにできないことを認めるのは、べつに恥ずかしいことでも何でもない。


愛情表現が足りなかったのかもしれない。

束縛しすぎたのかもしれない。

相手の趣味をもっと認めるべきだったのかもしれない。

口うるさかったのかもしれない。

家事をもっと担当するべきだったのかもしれない。

セックスの回数が少なかったのかもしれない。


どれかにあてはまるかもしれないし、ほかの原因かもしれない。

わたしたちはみんな欠点や弱さを持つ人間だ。だから、本書のすべてのルールを守るのは不可能だ。

でも、ルールを見直し、自分が人間関係のどこでつまずきやすいのか知ることができれば、過去を受け入れ、よりよい未来を築いていくことができるだろう。

Rule 116

相談相手は慎重に選ぶ

パートナーとの関係に別れの気配を感じるとき、あるいはすでに別れ話をしているとき、だれもが不安定で感情的になりがちだ。

だれかに話を聞いてもらいたいと思うかもしれないが、そんなときこそ相談相手は慎重に選ばなければならない。友だちだからといって、だれでもいいわけではない。

知人の女性が長年連れ添った夫と別れたときのことだ。

友人グループの女性たち三、四人は話を聞き、彼女にとても同情した。じつは彼女たち自身も、別れや離婚を経験したばかりだったからだ。そしてわるいことに、友人たちもまだ別れの痛手から立ち直っていなかった。

「男って最低」「お金はとれるだけとったほうがいいわよ」。これらのアドバイスを真に受けた彼女は、なかなかの修羅場を経験することになった。彼女はあとになって、あの友人たちに相談しなければ、もっと穏やかに別れられたのではないかと語っている。

同じようなつらい経験をした人に相談するのは一見よさそうに思えるが、すでに立ち直って気持ちの整理ができている人を選んだほうがいいだろう。

ほかにも、避けるべき友人はたくさんいる。まず、秘密を守らない人。また、「あなたの人生はもう終わり」「あなたなんかまだましなほうだ」などと、あなたをさらに落ち込ませるような人も避けたほうがいいだろう。元パートナーをこき下ろす人、元パートナーだけを悪者にする人、仕返しをそそのかすような人にも近づいてはいけない。

では、どんな友人を頼ればいいのだろう。

それは、信頼できる人だ。たまにはいまのつらい状況も笑えるような気分にさせてくれる人。本書のルールを守るように促してくれる人。もし子どもがいるなら、子どもの心を守ることがいちばん大事だと思い出させてくれるような人でなければならない。

アドバイスを求める相手は慎重に選ぶ。そして、信頼できない友人には近づかない。少なくとも、あなたが立ち直り、自信を取り戻すまでのあいだは。

Rule 117

別れたあとも人生は続く

関係が終わったとき、自分の世界がガラガラと崩れ落ちてしまったように感じるかもしれない。

覚悟の別れでも、突然の別れでも同じだ。もう以前の自分には戻れない。一生立ち直れない。悲しみが永遠に続くとしか思えなくなる。だれがなにを言っても聞こえない。

別れを乗り越えるのは、かんたんなことではない。ほかのつらい体験を乗り越えるときと同じだ。そんなときは、やはり時間がいちばんの薬だ。

最初は、毎日が前の日とまったく同じだと感じるだろう。いい日もあれば、悪い日もある。いい瞬間もあれば悪い瞬間もあるが、まだ心の痛みをいつも感じている。

しかし、その心の状態を折れ線グラフにすれば、ほんのすこしだけ右肩上がりになっているはずだ。

あるとき、あなたは心の痛みが小さくなっていることに気づく。そして、ガラガラと崩れてひっくり返ったこの世界が、あなたの新しい〝普通〟の世界になる。

こうして、あなたはまた元の自分を取り戻すことができる。また前に進んでいく。**少し年を取り、少し賢くなったが、それでもあなたは前と同じあなただ。**

最後に、大好きな詩の一節をあなたに紹介したい。アーサー・ヒュー・クラフの『あなたの戦いを無駄と呼んではいけない』という詩だ。このルールを見事に表現している。

この詩を読めば、目先のことばかりにとらわれていると気づかないが、上を見れば、世界は思っているよりもいい場所だと気づくことができるだろう。

夜明けのとき、
明るくなるのは東の窓だけではない。
東の空から、太陽が昇る。本当にゆっくりと昇る。
そのとき西を見よ。ほら、大地は光に満ちている。

上手な愛し方［新版］ The Rules of Love

発行日 2020年 9月25日 第1刷

Author リチャード・テンプラー
Translator 桜田直美 亀田佐知子
Book Designer 竹内雄二

Publication 株式会社ディスカヴァー・トゥエンティワン
〒102-0093 東京都千代田区平河町2-16-1 平河町森タワー11F
TEL 03-3237-8321（代表）03-3237-8345（営業）
FAX 03-3237-8323
http://www.d21.co.jp

Publisher 谷口奈緒美
Editor 原典宏 大竹朝子

Publishing Company
蛯原昇 梅本翔太 千葉正幸 古矢薫 佐藤昌幸 青木翔平 小木曽礼丈 小山怜那 川島理
川本寛子 越野志絵良 佐竹祐哉 佐藤淳基 志摩麻衣 竹内大貴 滝口景太郎 直林実咲
野村美空 橋本莉奈 廣内悠理 三角真穂 宮田有利子 渡辺基志 井澤徳子 小田孝文
藤井かおり 藤井多穂子 町田加奈子

Digital Commerce Company
谷口奈緒美 飯田智樹 大山聡子 安永智洋 岡本典子 早水真吾 三輪真也 磯部隆 伊東佑真
王廳 倉田華 榊原僚 佐々木玲奈 佐藤サラ圭 庄司知世 杉田彰子 高橋雛乃 辰巳佳衣
谷中卓 中島俊平 西川なつか 野﨑竜海 野中保奈美 林拓馬 林秀樹 牧野類 三谷祐一
元木優子 安永姫菜 青木涼馬 小石亜季 副島杏南 中澤泰宏 羽地夕夏 八木眸

Business Solution Company
蛯原昇 志摩晃司 藤田浩芳 野村美紀 南健一

Business Platform Group
大星多聞 小関勝則 堀部直人 小田木もも 斎藤悠人 山中麻吏 伊藤香 葛目美枝子
鈴木洋子 福田章平

Corporate Design Group
松原史与志 岡村浩明 井筒浩 井上竜之介 奥田千晶 田中亜紀 福永友紀 山田諭志 池田望
石橋佐知子 石光まゆ子 齋藤朋子 俵敬子 丸山香織 宮崎陽子

Proofreader 文字工房燦光
DTP 株式会社 RUHIA
Printing 大日本印刷株式会社

・本書へのご意見ご感想は下記からご送信いただけます。
http://www.d21.co.jp/inquiry/

ISBN978-4-7993-2672-5